编写指导委员会

总主编：段　峰　王　欣
编　委：石　坚　叶　英　王　安　方小莉　张　平
　　　　邱　鑫　史　维　余　淼　敖　敏　刘　佳

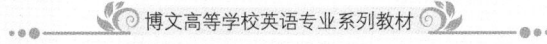

博文高等学校英语专业系列教材

新编翻译概论

Basics on Translation

刘 佳 ◎ 编著

图书在版编目（CIP）数据

新编翻译概论 / 刘佳编著 . — 成都：四川大学出版社，2022.11
博文高等学校英语专业系列教材 / 段峰，王欣主编
ISBN 978-7-5690-5180-3

Ⅰ.①新… Ⅱ.①刘… Ⅲ.①英语－翻译－高等学校－教材 Ⅳ.① H315.9

中国版本图书馆 CIP 数据核字（2021）第 237457 号

书　　名：	新编翻译概论
	Xinbian Fanyi Gailun
编　　著：	刘　佳
丛 书 名：	博文高等学校英语专业系列教材
丛书主编：	段　峰　王　欣

选题策划：张　晶　刘　畅
责任编辑：张　晶
责任校对：周　洁
装帧设计：徐著林
责任印制：王　炜

出版发行：四川大学出版社有限责任公司
　　　　　地址：成都市一环路南一段 24 号（610065）
　　　　　电话：（028）85408311（发行部）、85400276（总编室）
　　　　　电子邮箱：scupress@vip.163.com
　　　　　网址：https://press.scu.edu.cn
印前制作：成都跨克创意文化传播有限公司
印刷装订：四川盛图彩色印刷有限公司

成品尺寸：170 mm×240 mm
印　　张：11
插　　页：2
字　　数：188 千字

版　　次：2022 年 11 月 第 1 版
印　　次：2022 年 11 月 第 1 次印刷
定　　价：48.00 元

本社图书如有印装质量问题，请联系发行部调换

◆版权所有 ◆侵权必究

四川大学出版社
微信公众号

总　序

新时代的国际形势和国家需求对我国外国语言文学专业和学科建设提出了新挑战，也提供了发展的新契机。

习近平总书记在给北京外国语大学老教授的回信中指出，要努力培养更多有家国情怀、有全球视野、有专业本领的复合型人才，在推动中国更好走向世界、世界更好了解中国上做出新的贡献。这是党和国家对高校外语教育工作者的殷切希望，也是时代赋予我们的重要责任。围绕新时期新要求、新文科新思考，外语人才培养需要进行全方位的改革，教材建设是其中极其重要的一环。因为教材是教育教学的基本依据和重要载体，关乎解决"培养什么人、怎样培养人、为谁培养人"这一根本问题，关乎立德树人目标的根本实现。

基于这样的目的，我们组织专家和一线教师编写了这套多语种的外语专业教材。教材覆盖面广，既有传统的语言技能训练、外国语言学和外国文学，也有医学口译等跨学科的主题，反映了外语学科在新文科概念导引下所进行的尝试。我们希望以此为开端，逐渐增加教材种类，扩大教材的涉及面，为新型外语人才的培养打下坚实的基础。

总的说来，博文系列教材以"博雅通识，优化创新"为主要目的，具有以下特色。

1. 博雅教育注重培养具有扎实语言能力、深厚人文素养、宽广学术视野、强烈批判精神的高素质外语人才，对外国语言研究、外国文学研究、翻译研究、国别与区域研究、比较文学与跨文化研究有浓厚兴趣，具有一定研究潜能的高素质学术型外语人才。博文系列教材选用了中西方经典文学篇章，以人文素质教育为外语教学的根本，发掘外语语言文化的专业内涵，体现了外语教育强本固基的办学要求。

2. 博文系列教材创建GIDE课程体系，以"引领"（Guiding）、"浸润"（Immersion）、"深化"（Deepening）、"拓展"（Exploration）四个层次为课程目标，分阶段、分层次地将外国语言文学专业培养目标融入教材建设，引领学生形成专业意识，浸润中西方文化文明精髓，深化专业知识和人文素质，拓展思辨能力和跨文化交流能力，形成专业和学科建设的有机衔接，对培养高素质、复合型外语人才具有重要的作用。

3. 课程思政建设是新时代背景下稳步推进思想政治教育改革以形成大思政育人体系的一个重要方向。四川大学外国语学院以全课程育人大格局为理念，提升德育实效性，将育人目标贯穿于课程教育的全过程，不断升级人才培养方案，将课程思政的概念和实施，整体、科学、有序地融进育人机制和教材建设。博文系列教材坚守中国视角、中国立场，在具备国际前沿视野的同时，将社会主义核心价值观融入教材编写，以培养精通专业领域知识，一心为公，拥有家国情怀和国际视野，具备良好语言运用能力和深厚人文素养的高端外语人才。

4. 教材紧扣新时代国家对高校外语人才培养的要求，参照教育部新国标，坚持课程思政建设，在上述总体思想的指导下，结合四川大学外国语学院开设的专业课程，从知识传授、技能培养、能力提升等不同层面，进行系列化设计。偏重语言技能训练的教材遵循语言地道、例证典型、解析精当的原则，同时注重选材的权威性和实效性；偏重能力提升的教材精选外国语言学、翻译学、文学与文化研究的经典原文，既传授专业基础知识，又致力培养学生的文本赏析和思辨能力。各教材均在符合学科、专业与相应课程需求的前提下，安排教材的主要内容、设计知识体系、设置习题、提出考核要求等，体现了各自鲜明的特色。

四川大学外语学科源自四川大学前身1896年创办的四川中西学堂的英语和法语科目，历史厚重。巴金、吴虞、朱光潜、吕叔湘、钟作猷、周煦良、卞

总 序

之琳、罗念生、顾绶昌、吴宓等著名学者和文化名人曾在本学科任教或就读，为本学科的发展打下了坚实的基础。博文系列教材由四川大学外国语学院教学专家与一线教师共同编写，请国内知名外语类专家担任顾问，编写团队既具有一线教学经验，熟悉学生需求，又具备宽广的国际视野和悠久的历史传承。当然，本系列教材编写内容难免存在不足之处，编写团队恳切希望广大教师和学生提出宝贵意见。

博文系列教材编写组

前　言

随着改革开放的进一步深化，我国的综合国力不断增强，政治、经济、文化等各方面的国际交往与合作日益频繁。作为语言服务行业的重要手段，当今的翻译无论在质量和数量、广度和深度上，还是在对我国经济社会发展的贡献上，都是前所未有的。为了培养更多、更优秀的，能够胜任不同领域工作的翻译人才，我国越来越多的高校设立了翻译专业本科（BTI）和翻译专业硕士（MTI）两种人才培养层次。经过十几年的发展，我国高校翻译专业人才培养已初具规模。翻译教学已从以往外语专业本科高年级的几门课程演变成具有系统性和针对性的培养体系，课程设置日趋全面，从仅涉及翻译技巧拓展为翻译基础知识、双语运用能力、跨文化交际、中西翻译史、综合和专门领域的翻译能力等课程。可以看出，翻译专业人才培养的核心是口笔译实际操作能力，即翻译实践能力，但同样重要的是，要让学生了解他们即将从事的"翻译"工作是一项什么样的工作，这项工作的困难来自何处，这项工作当下的重要意义何在。这实际上就要求学生了解关于翻译活动的一些基本问题，比如翻译的本质、翻译的功能、翻译的过程、翻译的主体、影响翻译的因素等；对翻译中反复出现的问题和困难进行理性的分析和思考，通过研究翻译来提高翻译水平；还要对翻译的历史有所了解，通过回溯翻译历史来理解翻译对社会和文化发展的影响和作用，进一步深刻认识翻译在中国当下的社会发展和国际关系格局中应当承担的时代使命。

正是出于这样的目的，本教材设"翻译的基本问题"（含"翻译的研究方法"）和"翻译的历史"（含"翻译研究的历史"）上下两编，共12章。首先，作为概论，本教材尽量覆盖基本知识点，但限于篇幅，未做较深入的探讨；其次，本教材涉及主题领域较广，既可供翻译硕士研究生"翻译概论"课全程使用，也可供翻译本科专业的多门基础课程选用。每章末附有思考题，供学生独立思考或共同讨论。

限于编者时间、精力和经验的不足，本教材还远不够成熟和完善，疏漏和错误之处在所难免，恳请各位前辈及同行批评指正。

编　者

2022年8月

目 录

上编　翻译的基本问题

第一章　翻译的性质 ··· 3
　　第一节　语言转换 ··· 3
　　第二节　艺术再现 ··· 6
　　第三节　社会交际 ··· 7
　　第四节　职业服务 ··· 9

第二章　翻译的功能 ··· 13
　　第一节　影响译入语言 ··· 14
　　第二节　推动社会发展 ··· 17
　　第三节　促进文化交流 ··· 19

第三章　翻译的过程 ··· 22
　　第一节　对翻译过程的理性认识 ······································ 22
　　第二节　翻译的重要阶段 ·· 26
　　第三节　职业翻译的过程 ·· 31

第四章　翻译的主体 ··· 34
　　第一节　翻译主体和译者主体性 ······································ 34
　　第二节　译者的限制与创造性 ··· 38
　　第三节　翻译风格和译者风格 ··· 42

第五章　翻译中的矛盾 ·· 47
　　第一节　可译性和不可译性 ··· 47
　　第二节　直译和意译 ··· 49

　　　　第三节　异化和归化 ………………………………………………… 53

第六章　影响翻译的外部因素 ……………………………………………… 57
　　　　第一节　社会文化语境 ………………………………………………… 57
　　　　第二节　意识形态 ……………………………………………………… 59

第七章　翻译批评 …………………………………………………………… 63
　　　　第一节　翻译批评的概念 ……………………………………………… 63
　　　　第二节　翻译批评的类型 ……………………………………………… 65
　　　　第三节　翻译批评的标准 ……………………………………………… 68

第八章　翻译的研究方法 …………………………………………………… 71
　　　　第一节　翻译研究的学科性质 ………………………………………… 71
　　　　第二节　翻译研究的主要方法 ………………………………………… 74
　　　　第三节　翻译研究方法论的意义 ……………………………………… 82

下编　翻译的历史

第九章　西方翻译史略述 …………………………………………………… 87
　　　　第一节　古代翻译 ……………………………………………………… 89
　　　　第二节　中世纪翻译 …………………………………………………… 92
　　　　第三节　文艺复兴时期的翻译 ………………………………………… 95
　　　　第四节　近代翻译 ……………………………………………………… 97
　　　　第五节　现当代翻译 …………………………………………………… 107

第十章　中国翻译史略述 …………………………………………………… 110
　　　　第一节　东汉至唐宋的佛经翻译 ……………………………………… 110
　　　　第二节　明末清初的西方科技翻译 …………………………………… 117
　　　　第三节　清末民初的西学翻译 ………………………………………… 119
　　　　第四节　五四时期的西方文化翻译 …………………………………… 123
　　　　第五节　20世纪30年代的中国译坛 …………………………………… 128
　　　　第六节　20世纪40年代至60年代的中国翻译 ………………………… 133
　　　　第七节　改革开放与中国翻译的复兴 ………………………………… 137

目录

第十一章　西方当代翻译研究略述 ········· 144
第一节　翻译研究的语言学派 ········· 144
第二节　功能学派和目的论 ········· 148
第三节　翻译研究的文化转向 ········· 149
第四节　翻译研究的多元化发展 ········· 152

第十二章　中国当代翻译研究略述 ········· 156
第一节　对中国传统译论的反思 ········· 156
第二节　对西方译论的引进 ········· 158
第三节　现状与展望 ········· 159

参考文献 ········· 163

上 编

翻译的基本问题

第一章　翻译的性质

作为一种历史悠久的人类活动，翻译产生于不同语言使用者的交流过程中。翻译使得人类的语言和文化交往愈加深入，不断推动人类文明各阶段的发展。在翻译活动的发展过程中，翻译实践者也通过各种形象的比喻来描述翻译的特点，在实践的基础上建立理想翻译的标准，研究合格译者应具备的素质。这些认识或被译者零散地记录在译作的前言和后记里，或被思考者系统地总结在评论文字里。正如英国文艺理论家艾弗·阿姆斯特朗·理查兹（Ivor Armstrong Richards）所说："翻译很有可能是宇宙进化中最为复杂的事情（[Translation] may very probably be the most complex type of event yet produced in the evolution of the cosmos）。"翻译活动这种复杂的性质不仅体现在翻译实践者和思考者对翻译活动认识的不断拓宽和深入上，还体现在翻译活动自古至今对社会所产生的不同作用和影响上。下面分别从语言转换、艺术再现、社会交际和职业服务四个方面进行介绍。

第一节　语言转换

在翻译活动的各种性质当中，语言转换是最基本的性质。在20世纪国内权威的语言辞典和翻译研究著述中，对翻译的定义也大多是从其语言转换的基本特点出发的。

《现代汉语词典》（第7版，2019年）对"翻译"的定义是："把一种语言文字的意义用另一种语言文字表达出来（也指方言与民族共同语、方言与方言、古代语与现代语之间一种用另一种表达）……"

《中国翻译词典》对"翻译"定义为"语言活动的一个重要组成部分，是指把一种语言或语言变体的内容变为另一种语言或语言变体的过程或结果，或者说把一种语言材料构成的文本用另一种语言准确而完整地再现出来"。

《翻译学辞典》从"翻译过程"来定义："翻译是按社会认知需要、在不同规则的符号系统之间传递信息的语言文化活动。"

以上定义虽然对"语言"这一范畴的具体描述有所不同，如"民族共同语""方言""语言变体""符号系统"等，但翻译的实质都指原语和译语语言文字之间的转换活动。这也符合一般意义上我们对翻译活动的理解，即两种不同的语言文字之间的转换活动，这是翻译活动的基础和本质。

翻译的这一本质还体现在其在当代翻译研究中的重要地位上，即研究者是基于现代语言学成果对翻译进行科学思考的。当代西方学者对翻译活动的认识始于20世纪五六十年代从语言学角度对其进行的思考和定义。许多学者在对翻译活动进行定义时提出了"等值（equivalence）"这一重要概念，等值等相关理论因此成为当代翻译研究语言学派的重要内容。

美国语言学派翻译理论家尤金·奈达（Eugene Nida）认为："所谓翻译，是指从语义到文体在译语中用最切近而又最自然的对等语再现源语的信息。"（转引自郭建中，2000：64）英国伦敦学派翻译理论家约翰·卡特福德（John Catford）认为，翻译是用一种等值的语言（译语）的文本材料去替换另一种语言（原语）的文本材料（转引自廖七一，2004：128）。美国语言哲学家、翻译理论家罗曼·雅各布森（Roman Jacobson）从符号学的角度，将翻译分为语际翻译（interlingual translation）、语内翻译（intralingual translation）和符际翻译（intersemiotic translation），并将人们通常所指的严格意义上的翻译，即语际翻译，定义为"用另一种语言的语符来解释一种语言的符号"。他认为："翻译所涉及的是两种不同语符中的对等信息。"（转引自郭建中，2000：86-87）在《翻译学词典》（*Dictionary of Translation Studies*）中，"equivalence"这一词条的基本定义为："A term used by many writers to describe the nature and the extent of the relationships which exists between SL and TL texts or smaller linguistic units."

（Shuttleworth, Cowie, 1999: 49）

但对于"等值"这一概念，语言学家对其之于翻译活动和翻译研究意义的认识却并不完全一致。德国翻译理论家玛丽·斯奈尔-霍恩比（Mary Snell-Hornby）在其论著《翻译研究——综合法》（*Translation Studies: An Integrated Approach*）里就提出："... equivalence is unsuitable as a basic concept in translation theory: the term equivalence, apart from being imprecise and ill-defined (even after a heated debate of over twenty years) presents an illusion of symmetry between languages which hardly exists beyond the level of vague approximations and which distorts the basic problems of translation."（Snell-Hornby, 2001: 22）[等值不适合作为翻译理论的一个基本观念："等值"这一术语除了本身不够精确、定义失当（甚至在经过了二十多年的激烈讨论后依然如此），还给人一种在不同语言之间存在对称的错觉，而除了在含糊的近似的层面上，这种对称几乎是不存在的，因此，它扭曲了翻译的基本问题。]

作为一种语言转换活动，原语语言和译语语言承载的都是意义。原文作者用原语语言描述客观世界，表达主观情感，并体现这种语言符号所包含的各种意义。如果这些意义需要以另一种语言符号再现，那么就需要寻求在意义上的等值，保证原文的意义不被错误地再现成另一种语言符号。然而，意义并不总是单一的，很多时候会体现为多种意义的复合。

结构主义语言学对"意义"进行构成分析（componential analysis），将其划分为不同的类型。英国语言学家杰弗里·利奇（Geoffrey Leech）认为，"意义"一词包罗万象，指"语言传达的一切内容"（all that is communicated by language），并给出意义的七种类型，即概念意义、内涵意义、社会意义、情感意义、联想意义、搭配意义和主题意义。而翻译再现的意义并不能以多个成分或类型的形式体现，而是需要从整体角度解读（holistic interpretation of meaning）。在语言转换和意义再现的过程中，受各种因素的影响，不同类型意义成分之间的取舍和平衡是难以避免的。

第二节　艺术再现

翻译被当作一种艺术活动由来已久,因为大多数翻译活动包含译者对原作内容和形式的再创造,特别是文学翻译。正如文学作品是从艺术和审美的角度来反映现实世界一样,翻译——特别是文学翻译——也是一种对原作艺术内容和审美形式的再现。

意大利文学巨匠但丁·阿利基耶里(Dante Alighieri)在研究了《圣经·诗篇》的拉丁语译文后,提出了文学不可译的观点。他说:"……要让大家都懂得,任何富于音乐、和谐感的作品都不可能译成另一种语言而不破坏其全部优美的和谐感。正因如此,荷马的史诗遂未译成拉丁语;同理,《圣经·诗篇》的韵文之所以没有优美的音乐和谐感,就是因为这些韵文先从希伯来语译成希腊语,再从希腊语译成拉丁语,而在最初的翻译中其优美感便完全消失了。"(转引自谭载喜,2016:42)苏联文学翻译家、翻译理论家维萨里昂·别林斯基(Vissarion Belinsky)是苏联翻译理论文艺学派的代表人物。他认为:"文艺翻译是一种创造活动,即用乙语把由甲语写成的作品表达出来的再创造活动。它的任务不是寻求语言上的一致,而是寻求艺术上的一致;译者要再现的不是原文的词,而是原文所表现的艺术形象。"(转引自谭载喜,2016:285)英国翻译理论家西奥多·萨瓦里(Theodore Savory)也对翻译的艺术本质进行了精辟的论述。他认为,翻译是一个选择的过程,这种选择"不是从词义稳定的两个对等词汇中进行二择一,而是要在众多词义差异或大或小的对等词汇中进行选择。这种选择很大程度上与译者的禀赋相关,本质上是一个美学选择的过程"(转引自廖七一,2004:48)。

在中国,传统翻译理论一直具有浓厚的文艺色彩,从古代佛经翻译家鸠摩罗什的"嚼饭与人",到严复的"信、达、雅",再到傅雷的"神似"、钱钟书的"化境",无不折射出我国传统翻译理论重经验、重感悟、重艺术传达的特性。中国现当代翻译家在给翻译进行定义时,大多从文学翻译的角度来思考和表述其特点。林语堂在《论翻译》开篇即表明:"谈翻译的人首先要觉悟的事件,就是翻译是一种艺术。"(罗新璋,陈应年,2009:491)茅盾曾说,文学翻译是用一种语言,把原作的艺术意境传达出来,使读者在读译文的时候能够像读原文一样得到启发、感动和美的感受。当代翻译家许渊冲说:"我认为翻译是艺术……我要用艺术方法来解决翻译问题。"余光中也说,如果原作者是神灵,则译者就是巫师,任务是把神的话传给人……译者介于神人之间,既要通天意,又要说人话……(余光中,2014)。罗新璋也持相似的观点:文学翻译固然是翻译,但不应忘记文学。文学,从本质上说,是一种艺术;文学翻译,自然也该是一种艺术实践。文学语言,不仅具有语义信息传达功能,更具有审美价值创造功能(转引自谢天振,2013a:98)。

实际上,从艺术再现原作的角度看待翻译,一是肯定了原作具有被翻译的价值,二是肯定了译者具有艺术再创作的能力。当代西方形式主义文论提出,"文学性"(literariness)是文学作品的核心,是文学作品之所以成为文学作品最本质的东西。那么,译者面对文学作品,首要的任务便是尽最大可能获取原作中的文学性,在形式上把握其语言特点和风格,在内容上获得现实认知和情感共鸣。原作者表现出来的客观世界和主观情感,需要译者能动获得,并在头脑中重新"加工"。译者对其"加工"后的文学性进行再创造,并通过译语语言在译语读者和环境中将其重新物质化。文学作品的艺术性和文学性在形式和内容上都需要以译语语言为载体来体现,因此译者需要对作品进行再阐释和再创造便是毋庸置疑。这似乎印证了瓦尔特·本雅明(Walter Benjamin)在其翻译理论名篇《译者的任务》(*The Task of the Translator*)里对"可译性"的阐述。他认为,一部作品是否具有可译性涉及两个问题:"其中一个问题就是,从作者的所有读者中可以找到合适的译者吗?或是另一个更恰当的问题:原作的本质是否适合翻译,而且是否因此鉴于样式的重要性而需要翻译?"(转引自谢天振,2008:321)

第三节 社会交际

翻译活动是社会生活中语言行为的重要形式之一。翻译活动并非独立于社会,而是处于社会环境之中并受其影响和限制的。翻译活动源于不同语言使用者交际和交流的需要。中西方悠久的翻译历史本身就是不同民族和文化交流的历史。

首先,翻译作为一种社会的交际活动,是建立在语言的社会属性上的。当代语言学之父、瑞士语言学家费尔迪南·德·索绪尔（Ferdinand de Saussure）在描述语言的特征时说，语言是一种言语活动的社会部分……语言是一个关系的系统，社会给这些关系赋予意义。语言本身是一个社会事实，语言行为在社会中满足不同个人之间、个人与社会群体之间，以及不同社会群体之间进行交流的需要。系统功能语言学家韩礼德（M. A. K. Halliday）认为，语言的社会情景可以从三个方面进行分析，即语场（field）、语旨（tenor）和语式（mode）。语场指语言发生的环境、话题及参与者的整个活动；语旨指参与者的角色关系，包括谈话态度和意图；语式指语言交际的媒介和体裁。这些社会情境因素构成一个特定的语域场，共同影响语言的发生和进行。

其次，翻译活动是一种特殊的语用行为。作为跨文化的交际活动，随着语言、文化、读者、时空等语境因素的变化，翻译活动必然涉及从原语语用到译语语用的一系列场景和因素的变化。要让译文读者正确理解和合理认知原文传递的语用意义，就要充分考虑译语社会情境中的各因素，特别是与原语社会情境不相同或不相通的地方，将符合译语语用习惯的译文交给读者。

再者，译者也是具有社会（学）身份的。作为翻译活动中具有主观能动性的主体，译者在完成语言转换的过程中并非处在自在自主的真空中，而是处在真实的社会情境中。一方面，译者自身带有母语语言、社会和文化的先有性，这些因素会影响他的翻译观念；另一方面，后天形成的对两种语言的语用规范和社会惯例的认知，逐渐内化为译者下意识使用的翻译策略。

不同的语言是在不同的社会、历史和文化的滋养中产生的，无时无刻不反映各自的社会形态和特点。反之，社会形态的多样性造成了语言的差异，使语言之间产生隔阂。若要使不同的语言可以交流，就必须消除这种隔阂。译者需要克服的是社会（学）意义上的语用障碍，以保证信息的准确传递和有效沟通。从这个意义上讲，翻译活动的终极使命并非促成两种语言的转换，而是促成两种社会形态的接触和交流。

翻译活动在本质上是一种跨语言跨文化的交际活动。唐朝贾公彦在《周礼义疏》中说，"译即易，谓换易言语使相解也"，意在说明翻译通过语言的转换达到交际双方的相互理解和沟通。严复在《〈天演论〉·译例言》（1898）中说："顾信矣不达，虽译犹不译也，则达尚焉。"所谓"达"，就是要"显其意"，使原文的意义在译文中得到充分传达，从而使译文读者在阅读时尽领文章之义。对译文效果的强调，其实反映了翻译的另一主要功能——交际功能，即译文除了要以原文为依托外，还要考虑译文的接受者，即译文读者。

翻译是一种理解和沟通行为，或者进一步说，是理解、信息交流和交际的一个过程。翻译的交际功能以交际学和信息论为理论依据，将翻译看作不同语言之间传递信息、交流思想的一种行为，并从信息源、信息内容、信息反馈、噪声、媒介等多方面探讨翻译中出现的各种问题，强调翻译是发生在特定社会情境中的交际过程。

英国翻译研究学者巴兹尔·哈蒂姆（Basil Hatim）和伊恩·梅森（Ian Mason）有不少关于翻译的交际功能的论述。他们的代表作《语篇与译者》（*Discourse and the Translator*）的核心议题就是"views translation as a communicative process which takes place within a social context"。根据这一定义，翻译不应该被视作一种结果，而应被视为一个过程。具体而言，翻译就是信息发出者（原文作者）、信息传递者（译者）和信息接收者（译文读者）对信息的意义不断进行传递的过程。由于传递的过程受到多种因素的干扰，翻译是无法做到绝对客观的。即使是同样的译文，不同的读者，甚至同一读者在不同时期阅读，也会有不同的感受和反应。哈蒂姆和梅森还特别强调了语境（context）的重要性。在他们看来，传统的针对直译、意译等的争论忽略了翻译发生的语境即社会背景。社会语言学家认为，解决这一问题需要考虑以下问题：谁在翻译？翻译什么？为谁翻译？何时何地翻译？为什么？在什么情况下翻译？对于译者的角色，哈蒂姆和梅森认为，译者处于动态交际过程的中心，是原文作者与译文读者之间的协调者（mediator）。

第四节 职业服务

如果把翻译当作一个行业，那么它可以被理解为一项为社会公众提供语言或文字翻译产品和服务的活动，以及与其有关联的其他活动。这个行业应当包括以下几个层次：（1）核心层，即传统的人工翻译服务，包括笔译、口译、手语翻译等；（2）外围层，指以语言或文字翻译服务为主体或目的，需要借用计算机技术来实现的活动，包括软件和网页的本地化、计算机辅助翻译、机器翻译；（3）相关层，指其他与翻译相关的，以研发、生产和销售其他产品为主导的一系列活动，包括翻译培训、翻译出版，以及翻译软件、翻译机器和多语言语音技术相关产品的研发、生产和销售等。如今，随着社会经济的发展，各行业对翻译服务的需求越来越大，翻译被更多地纳入现代语言服务行业。2010年，中国翻译协会在中国国际语言服务行业大会上首次明确提出："语言服务行业是翻译服务、本地化服务、语言辅助工具及人才教育与培训为内容的新兴行业。"

中国翻译协会于2021年发布的《2020中国语言服务行业发展报告》称："2019年全球语言服务产值首次接近500亿美元；中国含有语言服务的在营企业403,095家，语言服务为主营业务的在营企业为8,928家，总产值为384亿元，年增长3.2%。2020年语言服务产值预测为366.25亿元，因疫情影响预计同比下降4.67%。"国内语言服务行业涉及的翻译服务领域呈多样化态势。信息技术、教育培训、知识产权为国内语言服务行业涉及最多的翻译服务领域，占翻译订单的前三名，占比分别为55.6%、49.7%、47%。2020年受疫情影响，互联网技术下的远程语言服务成为新常态；机器翻译在语言服务行业的应用也越来越广。除此之外，服务国家大局也是我国语言服务行业的重要特点和使命。在疫情防控期间，语言服务行业及从业人士以不同形式参与疫情抗击，有55.5%的语言服务提供方受访企业和39.9%的语言服务从业者选择了"线上抗疫口笔译服务"这一主要形式。

除此之外，翻译作为一个专门职业也越来越被大众接受。其实，早在公元前11世纪，我国就有"三象胥重译"的记载。"象胥"是周朝翻译官的专门称谓。"重译"，即经过两道手续将外语转译成汉语。这也许是世界上最早的口译记录，也是最早的"转接传译"（relay interpreting）。周朝各地对翻译官有不同的称呼："东方曰寄，南方曰象，西方曰狄鞮，北方曰译。"（罗新璋，陈应年，2009：2）"象胥""舌人"作为政府的官员，在与外国使节的交往中，不仅起到了语言沟通的作用，作为历史的见证人，他们还需要把口译员和外国使节的对话记录下来，起到史官的作用。在西方，罗马帝国时期，从希腊俘虏来的奴隶成了当时的译员，从事希腊语和拉丁语的翻译活动。在中国译场中的佛经翻译和西方以集体形式从事的圣经翻译，可看作翻译职业和行业的雏形。

现代意义上的翻译职业是从口译开始的。第一次世界大战后，1919年巴黎和会的口译活动被认为是现代口译的开端，也是职业翻译的开端。巴黎和会首次打破了法语在国际会议和外交谈判中的垄断地位，借助英、法两种语言的翻译进行谈判。第二次世界大战后，1945年联合国成立，随后的纽伦堡审判也采用了电声设备，同声传译的加入大大缩短了会议时间。当时联合国内部展开了一场交替传译和同声传译孰优孰劣的大论战，同声传译最终成为联合国的口译模式，从而确立了口译作为一种专门职业的国际地位。1953年，国际翻译家联盟（International Federation of Translators，FIT）、国际会议口译员协会（International Association of Conference Interpreters，AIIC）成立后，相继出台了翻译的职业道德条例和职业标准。1957年，欧盟的前身欧洲经济共同体（European Economic Community，EEC）通过了关于语言多样化的决议，各成员国都有平等使用本国语言的权利，各成员国的官方语言即为这个组织的工作语言。

随着翻译需求量的增加，笔译也逐渐成为专门的职业。1963年，国际翻译工作者联合会（International Federation of Translators）通过了《翻译工作者宪章》，翻译的职业地位得以确立。1974年，联合国译员因工作条件较差罢工，此次罢工是口译走向职业化的里程碑，促使联合国规定了具体的工作环境，成立了新的职业协会，以保证其工作条件。20世纪80年代以后，翻译职业的迅速发展得益于以信息技术为核心的第三次科技革命，特别是计算机、互联网、通信设备和技术，以及人工智能技术的飞跃发展，再加上全球化的推动，大大改变了人际沟通及信息传播的面貌，职业翻译需求旺盛，走向繁荣。

随着翻译教育和培训的专业化，国际资格认证、国际机构与各国翻译协会的组织保障，翻译生产的产业化、翻译观念的现代化、翻译研究的学科化，确保了翻译职业的正当性与合法性，翻译的职业化时代来临。一般来讲，翻译职业化包括三个方面的内容，即翻译职业技能（skills）、翻译职业意识（awareness）和翻译职业道德（ethics）。"翻译职业技能指获取翻译专业知识和技能的系统训练，得到权威的翻译专业实践的资格认可；翻译的专业知识只是职业技能的基础，还需要职业化地把它运用出来，并得到认可。翻译职业意识是一系列翻译专业信念、价值观、行为标准和从业实践的规范的内化过程，在职业化过程中起着关键作用。翻译职业道德指认可翻译行业内部机制和行业组织的自律，要求遵循职场行为与操守规范。"（殷燕，肖志清，2017：259）

小 结

　　翻译是一项具有悠久历史的人类活动，人类对其性质的认识也随着实践者的经验积累和研究者的不断探究越来越深入。首先，我们普遍意义上所说的翻译是指语际翻译，其最基本的性质是不同语言之间的转换。一方面，这种语言转换建立在人类共有的历史和社会经验，以及相似的思维方式和感情共鸣之上；另一方面，由于语言表达、生活方式、文化传统上的种种差异，语言之间的转换又有重重障碍。其次，翻译活动，特别是文学翻译具有艺术再现的性质：译者通过译语的思维逻辑和表达方式再现原文中的文学性，让译语读者在译语语境中感受到原文的美学价值。第三，翻译也是社会生活中重要的语言行为，发生在特定的社会环境中，受语境各因素的影响，最终形成一种特定形态的交际结果。最后，当代全球化语境下的翻译逐渐成为一种专门的行业或职业，具备语言服务行业的特点，从传统的、单一的人工翻译，发展为以翻译服务为核心，涉及本地化、翻译辅助或机器翻译、翻译教育和培训等多个相关领域的综合性语言服务行业。

思考题：

1. 请结合本章中有关翻译的各种定义，概括一下你对翻译活动的理解。
2. "翻译是一种艺术"这一说法体现了翻译活动的什么本质特点？
3. 作为一种社会交际活动，翻译的交际功能体现在哪些方面？
4. 请结合当下语言服务业的发展，概括一下当代翻译行业的新特点。

第二章　翻译的功能

历史上，翻译的作用和翻译的本质密不可分，这一点可以从翻译活动实践者和研究者关于翻译活动的种种观念中得以窥见。探讨翻译的功能应该以翻译的本质为基础、以翻译的历史和当下现实为依据来进行事实描述和客观判断。

《翻译学词典》（*Dictionary of Translation Studies*）对翻译的功能描述如下：

> ... analyzing the function of translations in the context of the recipient culture and social setting, and typically addresses such questions as which texts were or were not selected for translation by a particular culture, and what influences were exerted as a result of such selection.
>
> （Shuttleworth, Cowie，1999：63）

在此描述中，翻译的功能是指在接受语文化和社会环境中的影响，特指"特定文化选择或不选择翻译哪些文本""这种选择造成了哪些影响"。换言之，翻译的功能就是指翻译的作用和影响，即翻译活动实际的结果。

需要明确的是，虽然翻译的功能和目的一般都共同指向译语的读者群体和社会文化环境，但其本质是不同的：翻译的目的是指翻译活动所要达到的理想目标，带有一定的主观色彩。当然，翻译的目的也是对翻译行为的一种限制或要求，运用宏观的翻译策略和具体的翻译方法，引导翻译活动朝着预期的目标发展。然而，由于受翻译过程中各因素的影响，这样理想化的目的不一定会实现或者不一定全部实现。而对功能的评价更多是从结果的角度来做出的，功能即翻译在实际过程中产生的结果和效果，是可以描述的客观事实。翻译的目的通常是由翻译活动的发起者来决定的，通过翻译活动的执行者也就是译者的实践行为，获得翻译活动的产品，即译文或译作。产品一旦生成，其或大或小、或正或反的影响或功能就随之产生。如果是译入方向的翻译活动，其功能是重点考察"带来了"什么，如五四时期的外国文学译介对近代中国的社会和文化产生了什么影响；如果是译出方向，翻译结果的功能是重点考察其"带去了"什么，比如新时代中国文化的外译和对外传播给目的国家和世界产生了什么影响。但不管是译入还是译出，翻译的功能所强调的都是实际发生的事实。因此，我们可以从中西翻译史和当代翻译实践中的大量事实出发进行考察和研究。

翻译多元化的本质特征，决定了它在译语社会文化环境中的功能也是多样化的。这些功能密切关联、相互影响，主要体现在以下三个方面：第一，作为一种语言转换行为，翻译必然对译入语的语言系统产生影响，比如扩展译入语的词汇、丰富译入语的表达方式，乃至改造译入语的语言结构等；第二，翻译的功能还体现在它对社会变革和进步有着巨大的推动作用；第三，从更广的文化视角来看，历史上翻译活动一直是不同国家、不同民族之间互相沟通的重要媒介，翻译因此也有传播民族文化、促进文化交流的功能。

第一节　影响译入语言

翻译首先是一种语言文字层面的转换，而由于各语言系统的差异，翻译活动在本质上就是一种差异的展现。因此，翻译必然带来新词语、新句法和新的表达方式，从而给译入语原有的语言特征甚至文化和文学样式带来影响。

在欧洲近代宗教改革和文艺复兴时期，翻译家从古希腊和古罗马的各种宗教和文学经典中吸纳大量希腊语和拉丁语外来词语，极大地丰富了欧洲新兴民族语言的表达方式；除希腊文学之外，希伯来文学也是欧洲文学的一个源头。比如，但丁的《神曲》，在结构上采取神学自下而上、递相依属的等级结构；在内容上，出现了众多《圣经》中的人物，对《圣经》中的说教、象征、启示、福音等均有详尽的刻画和展示。歌德的《浮士德》、弥尔顿的《失乐园》、班扬的《天路历程》、霍桑的《红字》等都受到《圣经》及其故事题材、格言、用典的影响。

中国历史上的佛经翻译，最早发生在西汉末年公元1世纪前后，历经千年，不仅给中国的宗教体系和思想体系带来了深远影响，引发了中国翻译史上历时最长的一次翻译高潮，也极大地丰富了中国的语言、文学和文化，推动了近现代中国文学和文化的发展。梁启超在《翻译文学与佛典》中说："凡一民族之文化，其容纳性愈富者，其增展力愈强，此定理也。我民族对于外来文化之容纳性，惟佛学输入时代最能发挥。故不惟思想界生莫大之变化，即文学界亦然。……"（梁启超，1999：3805）他将翻译文学对一般文学的影响归纳为以下三个方面：第一，国语实质之扩大；第二，语法及文体之变化；第三，文学的情趣之发展。

我们先来看与词汇、语言相关的翻译原则。早期的佛经翻译家曾提及一些翻译方法：东晋道安的"案本而传，不令有损言游字"，提倡尽量保持佛经原文的词语形式；东晋鸠摩罗什的"曲从方言，趣不乖本"，强调在保持原文含义的前提下寻找译入语中的可用词汇；唐朝玄奘的"五不翻"原则，规定了五种使用音译的情况。梁启超在《翻译文学与佛典》中谈到了"新语之创造"，并总结了两种主要的构词方式：或缀华语而别赋新义，如"真如""无明""法界""众生""因缘""果报"；或存梵音而变为熟语，如"涅槃""般若""瑜伽""刹那""由旬"。《佛教大辞典》收录的从汉晋到唐朝八百余年间加入汉语词汇系统的新词有35 000条，其中不少词语沿用至今，如"刹那""缘起""世界"。有些在语义上发生了变化，比如"瞬"和"弹指"这些在佛经中表示不同时间长度的量词，现在都成了描述时间极短的常用词；"阿弥陀佛"是典型的佛教法号，但在现代的日常用语和文学语言中已成为一种表达悲喜的感叹语；有些译名吸取先秦语言四字结构的特点（翻译佛典时大量采用四言句，使经文四字一顿，读起来抑扬顿挫），产生了大量的佛教四字词组和熟语，如"生老病死""随机应变""因果报应""作茧自缚""三生有幸""一尘不染"。除此之外，魏晋之前，汉语的词汇系统以单音节词为主，佛经翻译盛行之后，双音词和多音词渐多，汉语在短期内迅速实现双音化，汉语多种构词法逐步增长和完善。在音韵体系上,国学大师陈寅恪在《四声三问》中曾说,平、上、去、入是西域输入的技术;平、上、去的分别是由于当时转读佛经的三声,与印度古时《声明论》的三声(Svara)相符,与入声相配成为四声了。佛经翻译除追求信息传达的准确性,还追求译语语言的文学性。佛经翻译对中国文学语言产生了很大影响,一是因佛经原文独特的文学性,二是因译者译笔的文学性。佛经译家鸠摩罗什以重视译本的文藻著称,他强调译本要辞旨婉约、自然流畅、声韵极佳。他的译著文辞美丽、畅达,具有"天然西域之情趣"。梁启超评价他所译经文为"秦梵两娴,诵写自在,信而后达,达而后雅"(罗新璋,陈应年,2009:112)。

我们再来看语法和文体方面。梁启超在《翻译文学与佛典》中提出,佛典在语法上最显著的特点如下:"(一)普通文章中所用的'之乎者也矣焉哉'等字。佛典殆一概不用。(二)既不用骈文家之绮词俪句,亦不采古文家之绳墨格调。(三)倒装句法极多。(四)提挈句法极多。(五)一句中或一段落中含解释语。(六)多覆牒前文语。(七)有联缀十余字乃至数十字而成之名词——一名词中含形容格的名词无数。(八)同格的语句,铺排叙列,动至数十。(九)一篇之中,散文诗歌交错。(十)其诗歌之译本为无韵的。凡此皆文章构造形式上,划然辟一新国土。"(罗新璋,陈应年,2009:107)而在文体上,梁启超认为,"佛恐以辞害意且妨普及,故说法皆用通俗语。译家惟深知此意,故遣语亦务求喻俗"。佛经翻译家为寻求佛家思想的普及性,使用散文和韵文相结合的口语化文体。这种文体讲究句子的节拍字数,不用传统韵文的句末押韵,有较强的节奏感,在佛教中成为"变文",即把佛经内容译为便于讲唱传播的通俗文词。"变文"随着佛经的普及而流行,是后来中国通俗文学中的小说、戏曲、平话等得以形成的文体基础。胡适也在《佛教的翻译文学》中论述:"在中国文学最浮靡又最不自然的时期,在中国散文与韵文都走到了骈偶滥套的路上的时期,佛教的译经起来,维祇难,竺法护,鸠摩罗什诸位大师用朴实平易的白话文体来翻译佛经,但求易晓,不加藻饰,遂造成一种文学新体。……然而宗教经典的尊严究竟抬高了白话文体的地位,留下无数文学种子在唐以后生根发芽,开花结果。佛门禅寺遂成为白话文和白话诗的重要发源地。"(转引自罗新璋,陈应年,2009:123)

再者，佛经翻译对中国文学的题材和结构也有一定的影响。胡适在《佛教的翻译文学》中说："佛教的文学最富于想像（象）力，虽然不免不近情理的幻想与'瞎嚼蛆'的滥调，然而对于那最缺乏想像（象）力的中国古文学却有很大的解放作用。……中国的浪漫主义的文学是印度的文学影响的产儿。"（罗新璋，陈应年，2009：123）他还认为："印度的文学往往注重形式上的布局与结构……往往带着小说或戏曲的形式……半小说体，半戏剧的作品。这种悬空结构的文学体裁，都是古中国没有的；他们的输入，与后代弹词，平话，小说，戏剧的发达都有直接或间接的关系。"（罗新璋，陈应年，2009：123-124）佛经的散文与偈体夹杂并用，也就是韵散交错的变文形式：说唱结合，散文体中穿插诗词。这种文体后来被大量用于我国的白话文小说：用散文体叙述，中间穿插"有诗为证"引出的诗词。比如《西游记》《红楼梦》都借用了类似佛经翻译的成文和结构。鲁迅在《中国小说史略》中指出，魏晋南北朝志怪小说的兴盛，是受了民间巫风、道教及佛教的刺激，而作者是将怪异传说当作事实来记载。《西游记》是文学题材受佛经影响的典型代表，不仅小说的主线是佛教传播，主要人物和故事也基本取自佛经；《红楼梦》也有很深的佛家观念，体现在"一僧一道"、叙事点评的语言，以及对佛教偈语的引用上。随着佛教的传播，中国后世的文学作品即使不直接取材于佛经，也或多或少带有因果报应、生死轮回、万法皆空等佛经中的观念。

第二节　推动社会发展

国家语言文字工作委员会原主任，中国语言学家许嘉璐曾说过："翻译活动最本质的作用是为人类拆除语言文字障碍，促成不同社会、不同地域、不同文化背景的国家和民族之间的沟通与交流。而这种沟通与交流的结果，往往能启迪新的感悟、新的智慧、新的视角，从而产生巨大的社会推动力，这是社会变革和文化进步不可缺少的加油器。"（许嘉璐，2005：1）

在中国近代史上，梁启超于1897年在《时务报》上连续发表长文《变法通议》，在其中的《论译书》中阐述了当时中国社会急需译书的迫切性，认为译书有"救焚拯溺之用"，"必以译书为强国第一义"。对于翻译内容的选择，梁启超创办大同译书局时强调，"本局首译各国变法之书，及将变未变之际一切情形之书，以备今日取法。译章程书，以资办事之用。译商务书，以兴中国商学，挽回权利"（马祖毅，2004：370）。后来，他又在《译印政治小说序》一文中提出通过翻译政治小说发表其政治思想观念来直接参与政治斗争。严复自1897年起翻译西方哲学社会科学名著约两百万字，系统介绍西方思想、文化和社会制度。严复毕业于英国海军学校，精通工程技术科学，但他却把译书的重点放在西方的社会科学和思想制度的相关书籍上。在此之前，有洋务派李鸿章、张之洞等倡译西方科技军事等实务著作，然而受到甲午战争的重挫之后，严复认为"汽机兵械之伦，皆其形下之粗迹"（张岱年，2010：914），而唯有探晓其根本所在的制度、思想才能做到真正的"审敌自镜"，以此来抗衡封建主义的"中学""旧学"。与严复同一时期的翻译家林纾，其主要译著是文学小说，数量达一百八十余种，字数多达一千多万字。其译作赋予了文学翻译在彼时中国社会"开民智"的作用："吾谓欲开民智，必立学堂；学堂功缓，不如立会演说；演说又不易举，终之唯有译书"（江中柱，闵定庆，李小荣，等，2020：320）。林纾在其多部译著序跋中认为，翻译的目的与功能就是爱国与救世；因此，康有为称赞他"百部虞初救世心"。梁启超、严复和林纾所处的时期是中国社会局面发生巨变的时期，翻译成为变革者们向外寻求救亡图存的途径之一。

在西方文艺复兴时期，英、法、德、意等国的科学家和思想家在从事研究的同时，也翻译了其他国家政治、思想、文学、哲学、艺术等领域的优秀作品以及古希腊罗马的经典著作。这些闪耀着人文精神光芒的作品从根本上改变了人们的价值观和他们对生活的态度，促使欧洲民众的思想观念从"以神为中心"过渡到"以人为中心"。主张人性解放和自由表达的人文主义思想的萌芽，唤醒了人们积极进取的精神、创造精神和科学实验精神，从而在精神方面为近代资本主义的发展开辟了道路。可以说，正是大规模的翻译活动推动了波澜壮阔的文艺复兴运动，推动欧洲从中世纪神权统治的封建社会迈入近代资本主义社会。

第三节 促进文化交流

《辞海》对文化的定义是:"从广义来说,指人类社会历史实践过程中所创造的物质财富和精神财富的总和。从狭义来说,指社会的意识形态,以及与之相适应的文化。"英国人类学家爱德华·伯内特·泰勒(Edward Burnett Tylor)从人类学的角度将"文化"定义为"包括知识、信仰、艺术、法律、道德、习俗及人作为社会一员获得的其他能力和习惯的复杂整体"(Asad,2010:9)。

奈达针对翻译的文化语境,将翻译中涉及的文化因素分为五类:(1)生态文化(ecology),包括一个民族的地理环境、气候特点、聚居地名等;(2)物质文化(material culture),指一个民族的经济生活和日用物品、生产工具和设施、科学技术等;(3)社会文化(social culture),指一个民族的传统、习俗、生活方式,社会活动的特点和形式,对个人、社会和阶层的习惯称谓等都属于社会文化的范畴;(4)宗教文化(religious culture),包括一个民族的宗教信仰、宗教系统、宗教著作、宗教制度和规章等;(5)语言文化(linguistic culture),语言本身作为文化的组成部分也会引起翻译问题,由于两种语言分属两种不同的语言系统,翻译就会涉及各自的语言特点,而这些不同的特点可能会反映在语音、词素、词汇和句法上。

首先,正是借助语言,文化的各个部分——政治、法律、教育、风俗习惯、宇宙观、艺术创造、思维方式等——才得以代代相传。其次,语言又是文化的镜子,它直接反映文化的现实和内涵。语言与文化这种密不可分的关系决定了翻译绝不仅仅是语义的简单转化,而必然是一种文化的交流、碰撞与融合。

而翻译活动正是因不同国家、不同民族互相了解和交流的需要而产生。因此,就其本质而言,翻译是一种跨文化、跨语言的社会行为。从这个意义上看,译者传播本民族文化,或将域外文化介绍给本民族读者,缩短甚至消解了各民族间的文化陌生感和隔阂。

以我国唐朝为例。唐朝之所以被称作盛世,就是因为当时的统治者政策开明,对外来文化持欢迎和包容的态度。大量的外国人涌入中原,为华夏文明注入了新鲜血液。关于当时外来文化对中华文化的影响,陈寅恪先生是这样评价的:"〔外来文化〕注入中原文化颓废之躯,旧染既除,新机重启,扩大恢张,遂能另创空前之世局。"(陈寅恪，2015：344)季羡林先生曾经高度评价翻译在中华文化发展过程中的重要作用。对中外文化交流史进行系统研究后，他指出，中华文化好比一条长河，正是得益于翻译，河水没有枯竭。他说："倘若拿河流来作比，中华文化这一条长河，有水满的时候，也有水少的时候，但却从未枯竭。原因就是有新水注入，注入的次数大大小小是颇多的。最大的有两次，一次是从印度来的水，一次是从西方来的水。而这两次的大注入依靠的都是翻译。中华文化之所以能长葆青春，万应灵药就是翻译。翻译之为用大矣哉！"（季羡林，1995：3）

世界各民族各文化之间不是单向的输入或传播，而是有来有往的相互接触和影响。明清时期来华的西方传教士在当时中国社会的翻译活动中十分活跃，他们将西方的基督教书籍和自然科学著作带入中国，还将中国的古代典籍和相关地理历史概况介绍到西方。

根据马祖毅的《中国翻译简史》，明末清初西方耶稣会士涌入中国沿海地区从事传教活动，其中包括罗明坚、利玛窦、汤若望、理雅各、南怀仁等著名宗教人士。从宗教传播的角度来讲，他们在西方殖民者掠夺我国沿海地区的同时，为了与欧洲大陆的新教抗衡，转而在东方开辟新领域，争取新教徒，以恢复中世纪天主教的势力。然而不可否认的是，客观上伴随传教活动进入中国的，还有近代西方在自然科学领域的诸多技术成果和研究著作。在这些传教士所译的三百余种著作中，除去传播教义的宗教类书籍，关于科学的有一百二十余种，涉及天文、数学、物理、机械、军事、医学、生物、地理等方面。这些书籍介绍了当时西方最先进的科学技术，由传教士与中国的士大夫合作翻译，给中国近代自然科学的发展带来重要影响；一些传教士更是著书立说，将中国的自然、历史和社会的相关概况带回到当时几乎对古老东方一无所知的欧洲各国，在当时欧洲和中国几乎隔绝的情况下，促进了东西方文明的交流。意大利传教士利玛窦（Matteo Ricci，1552—1610），与中国士大夫徐光启、李之藻合作译书二十余种，如《几何原本》《天学实义》；1593年，利玛窦将中国的"四书"译成拉丁文寄回意大利，这是"四书"首次被译成西方语言。1626年，金尼阁（Nicolas Trigault，1577—1628）译五经为拉丁文，在杭州刊印；1842年，雷慕沙（Jean Pierre Abel Rémusat，1788—1832）译出《道德经》四章；全译本由儒莲（Stanislas Julien, 1797—1873）译出，1842年在巴黎出版。德国近代哲学家黑格尔（Georg Wilhelm Friedrich Hegal, 1770—1831）在介绍中国的《诗经》《尚书》《礼记》《周易》和《春秋》五经时说："中国人存在有许多古书和典籍，从中可以了解它的历史、宪法和宗教……中国人把这些书称之为'经'，作为他们一切学术研究的基础。"（马祖毅，任荣真，2003：33）

小　结

作为一种语言之间的转换行为，翻译势必为译入语语言系统带去不同于其自身的思想内容和表达方式，进而对其语言系统产生一定的影响。比如，音译的外来词语、不同的句法和语法结构、创新的文学题材和体裁等，在译入语环境中被使用和接受后，逐渐融入译入语语言系统。作为一种社会活动，在特定的社会发展阶段中，翻译活动引入的思想和文化内容对该阶段社会发展带来影响，甚至是较大的冲击和变革。促进沟通是翻译活动自古以来的重要目的和使命之一，翻译让使用不同语言、生活于不同社会和文化环境的人相互了解，在不断的接触、融合甚至冲突中，促进不同文化的交流。

思考题：

1. 请在西方文学翻译史上找到一个"翻译对译入语语言产生影响"的案例，并分析其原因。
2. 请以具体个案为例，说明翻译对社会变革和发展所起的作用。
3. 作为文化沟通的重要渠道，翻译对一个国家或民族的文化发展有什么作用？

第三章 翻译的过程

翻译的过程是指翻译的动态过程,有狭义和广义之分。狭义的翻译过程(transfer / translation proper)是指译者针对具体文本的语言转换活动,即译者将源语文本转换成目标语文本的过程;广义的翻译过程不仅包括狭义的语言转换,还涉及文本的选择、文本的研究、文本的理解与阐释、文本的生成、文本的接受等环环相扣的环节。奈达说:"翻译程序远非只是指具体翻译某一文本时一步一步的过程,它还包括许多需要事先加以考虑的因素,如原语文本的性质、译者的能力、翻译过程的方向、译文所针对的读者类型、译文的发行和编者的类型,翻译的营销,可能使用的译文方式等。"(转引自许钧,2020:63)这是从广义角度对翻译过程的解释。

第一节 对翻译过程的理性认识

很多翻译观念和理论起源于译者在自己翻译实践中的思考,有的针对发生的全过程,有的只针对其中某一个环节。有的译者的经验性认识逐步演化成译者的翻译观念和原则,投射到之后的翻译实践中;有的则通过其理性的思考和研究,沉淀为翻译观和翻译理论基础。中外翻译家对自己翻译经验的归纳总结和认识,虽大多带有主观性和偶然性,但对理解翻译这一复杂的过程却具有重要的启示作用,为后人从理论层面上认识翻译过程,进而形成系统的翻译理论奠定了基础。要理性认识翻译过程,可以对其进行全面考察和模式化研究,也可以对翻译过程的某一特征进行专门研究，从而形成对翻译多元化的理性思考，形成翻译研究的不同流派或翻译理论。

美国翻译家奈达在翻译《圣经》的实践基础上对翻译程序形成了独特的认识。他认为"基本翻译过程"（Basic Process in Translating）包括以下四个阶段：（1）分析原文："... a detailed treatment of both the designative and associative meanings of the lexemes, the syntax, and the discourse structures"；（2）将原语转换为译语："... the shift from thinking in the source language to thinking in the target language"；（3）重新调整译文："... the organization of the lexical, syntactic, and discourse features of the transferred text so as to provide maximal comprehension and appreciation on the part of the intended audience"；（4）约请代表性读者检验译文："... a bilingual person ... so familiar with the text and the type.... An adequate evaluation of a translation can only be accomplished by testing the reactions of monolingual persons who are representative of the constituency for who the translation has been made"（Nida, 1993: 146-147）。

后来奈达又将这一实际操作过程分为以下八个步骤：（1）快速翻译，注重文体；（2）初稿应搁置一周左右再进行修改；（3）认真检查译文内容，注重准确性和连贯性；（4）再将译文搁置几天；（5）从文体上检查译文；（6）检查译文的拼写、标点和格式；（7）译文送交审阅；（8）考虑采纳审阅意见。（Nida, 1993: 143-145）

英国翻译理论家罗杰·贝尔（Roger Bell）从语言学的角度提出了以下翻译过程：

源语文本 — 记忆（①分析　②语义表征　③合成）— 译语文本

这一模式表明，源语文本向目的语文本的转化是通过发生在记忆中的几个过程来实现的：（1）把源语文本分析成普遍的（不依赖任何特定语言的）语义表征（semantic representation）；（2）将该语义表征合成，并构建译语文本。

翻译分析阶段包括句法分析、语义分析和语用分析。句法分析即语篇解读；语义分析识别施动者、过程、目标；语用分析是对语义所承担的交际功能进行分析，包括主述结构和语域分析。语义表征是一个抽象的、普遍的概念和关系集，代表所译小句的全部思想，它包含句法、语义和语用信息。语义表征是对原文句子进行三向分析的结果，也是我们翻译时对一个新句子进行三向合成的基础。翻译不是把语言A的句子译成语言B的句子；而是把语言A小句拆解成它的语义表征，以此为基础，在另一种语言里建立一个可替换它的B小句。合成阶段包含语用合成、语义合成和句法合成。在语用合成阶段，要考虑如何处理原文的目的，如何处理原文本的主述结构，如何处理原文的风格；在语义合成阶段，要创造出一些结构来承载命题内容并提出一个令人满意的命题；在此基础上进入句法合成阶段，形成目的语语篇的符号串。

法国释意派（the Interpretive Theory / the Interpretative Approach）创始人达妮卡·塞莱丝柯维奇（Danica Seleskovitch）提出了口译过程的三分法：口译不是一种语言符号的转换活动，而是一个意义的理解与再表达过程，它包括理解、意义与语言形式分离（deverbalization）、重新表达三个步骤；之后，她又明确指出，口译有语音感知、迅速抛弃语言外壳保留信息的思维表征（mental representation）和用目的语表达三个步骤（Pöchhaker，2016：98）（见图1）。

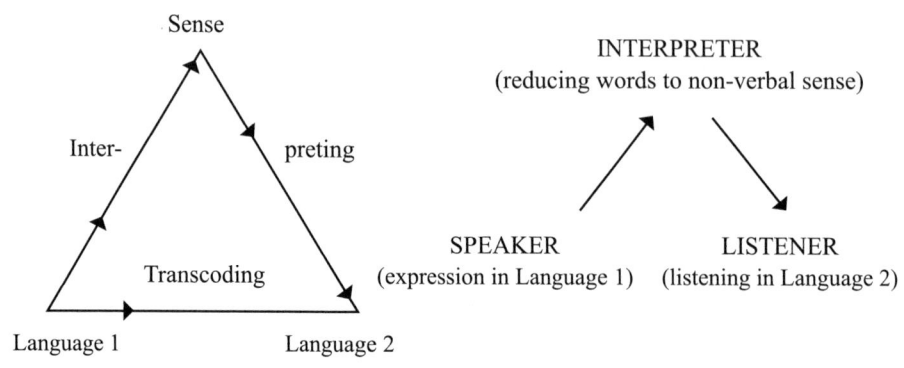

图1　塞莱丝柯维奇两种版本的口译三角模型

来源：Pöchhacker, F., 2016. Introducing Interpreting Studies. 2nd ed. Amsterdam/Philadelphia: John Benjamins: 98.

如图所示，这不是一个从一种语言到另一种语言的简单的线性转换过程，而是一个三角形的过程（a triangular process）。在这个过程中，口译员对讲话人的思想理解得越透彻，讲话人的思想就越容易成为口译员的思想。这三个步骤可并为两个，因为口译中的理解是瞬间完成的，译员很难觉察到它的存在。

此后，塞莱丝柯维奇又把口译过程分解为理解/阐释、脱离源语语言外壳（一个发生在理解之后的隐形心理操作阶段）和重新表达三个步骤，并给出了一个很直观的三角模型。根据该模型，口译是一个从源语（听辨）、意义（理解）到目的语（表达）的过程；源语和目的语分居三角形底部的两侧，意义则位居顶端；底部箭头代表从一种语言直接转换为另一种语言的代码转译（transcoding，只适用于对术语、数字、名称等语言项的转译），而将源语讲话释意（interpreting）后获得的意义用目的语重新表达出来则是一个释意翻译（interpretive translation）的过程，也是口译的主要方式。

翻译研究阐释学派的乔治·斯坦纳（George Steiner）是在西方翻译理论界产生过轰动效应的人物之一。1975年，他凭借《通天塔之后：语言与翻译面面观》（*After Babel: Aspects of Language and Translation*）一书扬名于西方翻译理论界。在这本书中，他提出"理解即翻译"的著名论断，并将翻译的过程表述为一种"阐释行为"（the hermeneutic motion）。阐释行为包括信赖（trust）、侵入（aggression）、吸收（import）和补偿（compensation）四个步骤。（1）信赖。在着手翻译之前，译者不知不觉走过这一步骤。他之所以选择这篇原文，是因为他相信原文有价值，有意思，因而确有东西供人们了解交流，值得翻译。（2）侵入。侵入指译者打破语言的外壳，深入原文的内部，将核心思想抽取出来。在语际翻译的过程中，译者对原文的认识、理解和阐释相当于是必须进行的进攻，原文的精神是他夺取的目标。（3）吸收。吸收是指把前一个步骤所取得的成就，包括原文的意思和形式，移植归化到译语中，用译语完整地表现原作的所有信息的过程。这是理解之后的表达阶段，是翻译过程的重心所在。吸收的好坏取决于译者自己的理解程度、语言表达能力，以及对材料的预先掌握情况。（4）补偿。斯坦纳认为，翻译在过程的前段往往会失去平衡，译者不是添油加醋掺和自己的意思，就是偷工减料回避难点，所以真正的翻译应当寻求平衡，并提供补偿。

第二节　翻译的重要阶段

普遍意义上的翻译过程可分为理解和表达两个阶段。从翻译的实际操作过程看，经过第一步理解原文和第二步用译文表达这两个阶段之后，实际上还存在一个校改阶段，即译者自己的校改、编辑的审校等。经历了这个阶段，整个翻译过程才算是最终完成。因此，严格来讲，翻译过程包括三个阶段：理解、表达、校改。当然最基本的是前面两个阶段。

一、理解阶段

翻译的理解本质上是对意义的理解，翻译的实质首先是跨语际的意义转换。英国语言学家杰弗里·利奇（Geoffrey Leech）认为，"意义"的含义包罗万象，可以指"语言传达的一切内容"（all that is communicated by language），在这个认识的基础上，他将意义划分为以下七大类型。

（1）概念意义（conceptual meaning）。概念意义是指对客观世界的概括和反映，是关于逻辑、认知和外延内容的意义，是语言交际的核心。通常来讲，两种语言的概念意义的关系有以下三种：完全或基本对等（单义词）、部分对等（一词多义）和不对等（某种文化的特有项/空缺项）。

（2）内涵意义（connotative meaning）。内涵意义是指一个词除了具有基本所指内容之外，还具有一种相关的交际价值，如比喻义、引申义。内涵意义具有不稳定性，随着社会文化、历史时期、个人经历的变化而变化。比如，"There is a mixture of *the tiger and the ape* in the character of the imperialists."（帝国主义者的性格中，既有残暴的一面，也有狡猾的一面。）此译例使用的tiger和ape特指帝国主义者性格描述的特定引申意义，以区别于其一般情况下使用的概念意义。

（3）社会意义（social meaning）。社会意义是指一段语言所表示的、关于这段语言的社会环境意义。语言在实际应用中有不同场合下的语体层次之分。英语有许多同义词，这些同义词的不同大多表现为语体色彩不同，即使用的社会场合不同。例如，英语中表示"死"的词语有die, pass away, kick the bucket等，但这些词语的文体意义或语体色彩是不一样的：die属于一般性词语；pass away

属于正式用语，相当于汉语的"去世"；而kick the bucket属于极不正式的俚语，相当于汉语的"翘辫子"或"蹬腿了"。

（4）情感意义（affective meaning）。情感意义用来表达说话者的态度和感情，它通过概念意义、内涵意义表达出来。有些同义词的不同之处在于感情色彩不同，即褒贬意义不一样，如propaganda与publicity。两者在概念意义上都可表示"宣传"，但根据《牛津英语词典》（*Oxford English Dictionary*，OED）的解释，我们可以看出其情感意义的区别：propaganda，"（usually disapproving）ideas or statements that maybe false or exaggerated and that are used in order to gain support for a political leader, or party, etc."；publicity，"the business of attracting the attention of the public to sth./sb.; the things that are done to attract attention"。很显然，在感情色彩上后者比前者中立，因此在对外宣传和传播中更适用。

（5）联想意义（reflective meaning）。所谓联想意义，就是指我们在使用某个词语的一种意义时，很容易联想到的该词的其他意义。如white elephant的字面意义是"白象"，但它可以用作惯用语，意思是"昂贵而无用的东西"。

（6）搭配意义（collective meaning）。搭配意义指英语中同一个词语在不同的语境中，即与不同的词语搭配时，往往表示不同的意思。如a handsome man指"外表英俊的男子"，a handsome woman指"健美的女子"，而a handsome reward则指"可观的报酬"。

（7）主题意义（thematic meaning）。主题意义指借助组织信息的方式，依靠词序、焦点和强调所传达出的一种意义。在英语中，同样几个词用不同的语序就会产生不同的主题意义。如："I like Danish cheese best"与"It is Danish cheese that I like best"两句话的语言意义是一样的，表达的都是"我最喜欢丹麦奶酪"。但前者强调的是"最"，而后者强调的是"丹麦奶酪"。如果把这两句话作为问题的答案的话，可以分别这样来提问："Do you like Danish cheese?" "What cheese do you like best?" 可见其重点是不一样的。

然而，翻译中对文本的理解绝不是简单地停留在语义学意义层面，译者在理解文本意义的过程中会受到很多外界因素的影响。英国翻译理论家彼得·纽马克（Peter Newmark）提出，影响文本理解的有以下十个因素：

（1）原语作者的语言特色和独特的表达方式；

（2）根据表现的主题和语境，原文文本常用的语法结构和词汇用法；

（3）表达原语文化特有内容的词汇；

（4）在当时传统的影响下，原文采用的典型文本格式；

（5）最一般意义上的译文读者的知识水平及其适用的语言风格；

（6）根据表现的主题及语境，译文常用的语法及词汇；

（7）表达译语文化特有内容的词汇；

（8）在当时传统的影响下，译文采用的典型文本格式；

（9）对立于原文文本与译文读者期望的客观存在的事实，或可以进行报道、描写、判断及确证的客观事实；

（10）主客观因素造成的译者的个人观点和偏好。

由于意义的层次和类型不同，就语篇而言，对原文的理解大致包括以下五个层次。

（1）事实理解。事实理解主要是指对某一文本字面所述各种事实的准确、完整的理解，包括事件过程、所涉人物、地点、时间、相关事实因素等。这是对原文理解最基本的要求，是其他各种层次的理解发生与发展的基础。

（2）逻辑理解。逻辑理解就是指在理解文本文字的各种事实的基础上，依据一般的逻辑原理，通过判断和推理，把握原文各种事实要素之间的逻辑关系。

（3）文体理解。文体理解要求读者在理解叙述事实和逻辑关系的基础上，还要把握原文作者在词汇、句法和语篇结构方面的特点。

（4）语气理解。语气理解是指在文体理解的基础上，读者还需要分析原文作者采用这种文体的原因，尤其是使用不同文体所达到的不同的效果，以及不同的文体所表达的语气、态度、倾向性等。

（5）社会文化理解。从更广的角度来说，各个时间和空间的社会文化特征同样会反映在语言上，引起语言的变异，这是其文化独立性的表现。

译者的理解是译者（特殊的读者）主体性的体现，具有创造性。不是所有的文本意义都能自显，很多时候读者需要做深入的发掘。阐释活动不是发生在真空中的，任何阐释都离不开阐释者的先有、先见、先掌握，而这些也是阐释得以发生的条件。作者将文本诉诸自由，因为唯有自由才能引发读者调动自己的思想参与创造。但读者也要以文本为依据，在文本提供的整体语境中去凸显其明示或暗示的意义，避免自由失控，避免在失度的阐释中失去作者的信任。若自由失控，自由也将不复存在。作者所创造的文本就是他提供的阐释空间，除语言本身之外，还包括这种语言所生发的整个话语系统，即文化成规（cultural conventions）。译者的创造是有限度的。译者想象力和创造力的发挥并不能随心所欲，而是应尊重原作者，不背叛作者的欲言，不歪曲文本的意义，不违背原文的精神。因此，阐释活动（对原文的理解）的自由空间是受到种种限制的。

二、表达阶段

理解是翻译的基础。在透彻理解原文的基础上，译者还必须将自己的理解尽可能完整地传达给读者。按照纽马克的观点，在表达的过程中，译者必须在以下四个层次上对原文和译文负责。

（1）文本层次（textual level）。文本层次指原文的字面意义，译者对原文负责，首先就要对原文的字面意义负责。

（2）所指层次（referential level）。所指层次指译者对原文所指意义的把握。原文中晦涩、隐含的弦外之音，需要译者透过文字看清其真实内涵。

（3）粘着层次（cohesive level）。粘着层次指语篇中句子的衔接，反映了本族语说话者的独特思维方式和表达习惯。

（4）自然层次（level of naturalness）。自然层次是对译文行文的基本要求，指译文应自然流畅，符合译入语的习惯。译者对原文的理解和阐释最终是以译语语言的形式固定下来的。同时，译文或译作也因此成了译语读者对原作"来世生命"（afterlife）进行阅读、理解和接受的前提条件。

因此，译者作为使原作得以在译语语境中再生的行为者，其表达行为的指向是译语及其所在的社会文化语境。

从语言的角度来看，在表达阶段发挥译语优势是译者发挥主体性的重要体现。我国著名翻译家许渊冲曾经明确提出过"发挥译语优势"的翻译标准。他在《翻译的标准》一文中说，"忠实于原文内容，通顺的译文形式，发扬译文的优势，可以当作文学翻译的标准"（许渊冲，1981：3）。发挥译语优势能够保证译语语言忠实表达原文甚至翻译出原文内容有而形式无的东西。

翻译过程还是一个完整的心理活动过程。这种翻译心理过程（mental process of translating）可以看作是译者在翻译时大脑对现实反应过程中表现出的心理现象，即认识、情感、意志等心理活动。在翻译过程中，首先是意向活动（如情绪、意志、行动、注意、兴趣、需要、愿望等）起主导作用，决定为何译、译什么，然后才是怎样译，这时，想象和思维处于核心地位。在表达阶段，认识活动（如感觉、知觉、表象、记忆、创造性想象和思维、形象思维、抽象思维、直觉思维等）处于主导地位。具体到笔译过程就是，从阅读原文开始，译者的理解伴随感觉、知觉、记忆、想象、联想等一系列心理活动，以分析为主、综合为辅；表达过程保持想象等心理活动，这一过程基本上是用目的语进行的，以综合为主、分析为辅。

三、校改阶段

审校修改是对理解和表达质量的再次确认和全面检查，是对原文内容的进一步核实、对译文语言的进一步推敲，是理解与表达的进一步深化。例如，校核译文在人名、地名、日期、方位、数字等方面有无错漏；校核译文的段落、句子或关键词有无错漏；修改译文中译错的和不妥的词、词组和句子；力求译文不用冷僻罕见的词语，避免陈词滥调，保证译文段落划分、标点符号使用正确无误等。

奈达（Nida，1993：148）提出了对译文进行评估的方法，即通过检测只懂译语的读者代表（通常是客户、客户代表或译文实际使用者）的反应来判断。他提出最有效的检测方法有以下四种。

（1）"Oral reading by different persons"，即邀请几位读者代表（在实际翻译过程中可以选择其他与该项目无关的翻译人员）朗读译文，译者一边看稿子，一边标记朗读时打磕巴、误读、用错词替换、重复以及语调把握不准的地方。如果两个或几个水平相当的人都卡在同一地方，这样的地方显然就有问题。造成朗读不畅的原因有以下几个：高层次的词汇，句法蹩脚，缺乏过渡词，并列词语中辅音群发音浊重，没有表示疑问、命令、讽刺、反语和省略的标记词。这种检测方法虽不能告诉译者应该怎么去修改译文，却至少能指出译文中需要修改的地方。

（2）"Close analysis of facial gestures of readers"，即仔细分析朗读者的面

部表情，特别是他们的眼神，因为表情和眼神可以反映他们对译文内容和形式的理解和领会的程度。细心而又善解人意的译者很快就能发现朗读者是否无障碍地读懂了译文，对译文的内容是否感兴趣，译文读起来是否有理解困难。

（3）"Hearing a text and telling the contents to people who have not heard the text read"，即请听过译文朗读的人向没有听过朗读的人讲述内容，这样可以判断译文内容是否准确。如果有两个或几个人在理解上犯了相同的错误，那么显然译文就需要修改。当然，如果原文本身有意含混模糊，则另当别论（如某些外交措辞）。

（4）"Cloze technique"，即填空检测法，也是测定译文可读性的有效方法，即每四个词后面空一处，请人根据上下文要求填入恰当的词。在至少50个空里能够填对多少词语可有效地显示转换概率的范围，从而也就测定了译文的可读性和可理解的程度。这个方法也可以变通一下，即每九个词后面空一处，再请人朗读译文，然后计算朗读者填错的地方，并提出修改意见。

第三节　职业翻译的过程

职业翻译是现代产业分工和专业技术种类的概念。区别于传统意义的"译者"，职业译者属于翻译行业和语言服务产业的一部分，与翻译学意义上的译者和研究者有较大区别。因此，职业译者所面对的翻译过程也是有特殊性的。职业翻译的过程，或称"翻译流程"（translation workflow），指"源语文本输入并转化为目的语文本输出的内部关联或相互作用的各工序的连续过程。翻译流程涵盖译前、译中、译后各项步骤，从接受客户订单开始，到产生符合客户预期的产品和服务"（方梦之，2019：126）。

法国翻译家达尼尔·葛岱克（Daniel Gouadec）在其专著《职业翻译与翻译职业》（*Profession Traducteur*）中详细描述了当代翻译行业和翻译市场中译者的工作程序（葛岱克，2011：127）。他认为，在实际的翻译项目中，职业译者需要与项目提供者、审校人员建立有效的合作关系。为建立翻译质量保障模式，需要遵循翻译工作的一般性标准程序。其中，职业译者的核心工作分为翻译前期、翻译和翻译后期三个阶段。第一阶段"翻译前期"（pre-translation）的工作是指译者在接收实际翻译原件之前的所有事情，包括如何获得工作、撰写工作预估、谈判、翻译说明和签订合同。第二阶段"翻译"（translating）又分为"转换前、转换和转换后"（pre-transfer, transfer, post-transfer）三个环节："转换前"的工作指为"转换"本身所做的所有准备工作，包括原件准备、文档搜索、原件校对、记忆巩固、术语挖掘等；"转换"是翻译的核心，即"转换为另一种语言和文化的组合体"；"转换后"是指在交送译件前为达到质量要求和原则所做的一切工作，通常包括质量控制和完善、格式修改以及交送准备。第三阶段"翻译后期"（post-translation）工作是指在翻译产品交付之后的所有相关工作，例如定稿形式加工、薪酬结算、项目存档、术语更新等。

在当代翻译行业中，团队翻译的形式非常普遍，如专门的翻译公司或语言服务企业。对于这种类型的职业翻译，所涉及的翻译过程就更为职业化，通常也会涉及更多的职能部门和专门人员，比如翻译准备人员、术语专家或惯用语专家、预翻译人员（或机器翻译工具）、一个或多个信息提供者、录入员、翻译提交和编辑人员、一个或多个审校人员。这些职能人员和核心译员一起，在翻译项目或公司的标准流程之下，完成从寻找并获得翻译项目、译前准备、制订计划、组织工作，到预转换、文本转换、译文质量监控及修改，再到结项、后续工作和翻译产品跟踪的整个过程。

小　结

一般来讲，翻译的过程大致分为理解和表达两个阶段。每个阶段不同的重点环节和影响因素，直接或间接地影响翻译结果的形态和特点。理解阶段的重点在于对原文意义的确定，这个意义既可能是单一的对等意义，也可能是多重意义的总和；在不同语言单位和层次上的意义确定既独立又相关，构成原文语篇的总体意义，需要译者从微观和宏观上进行区分和综合。作为翻译产业和当代语言服务业的核心内容，职业翻译的过程不仅包括语言转换，还包括译前、译后的诸多环节和因素，需要职业译者在专业训练和实际工作中多加关注。

思考题：

1. 请选择一个西方翻译理论流派来描述翻译的过程。
2. 你认为翻译的理解和表达这两个重要阶段各自的重点是什么？
3. 你认为职业翻译和传统翻译在翻译的过程有什么不同？

第四章　翻译的主体

　　主体和客体是认识论的一对基本范畴。主体是相对于客体而言的，指对客体有认识和实践能力的人，是实践活动和认识活动的承担者。客体和主体相对应，是主体认识和实践活动所指向的外界对象。自然界和社会中成为人的实践和认识对象的部分才是客体，人的认识和实践活动是主体对客体的能动反映。

第一节　翻译主体和译者主体性

　　翻译的主体通常指译者，也就是翻译活动的行为者；但从广义上讲，除了译者，翻译的主体还有作者主体和读者主体。作者提供的原本是翻译的基础；读者参与原本和译本的价值创造，甚至委托人、赞助人、出版商等也参与了翻译活动。我国翻译家杨武能持翻译多主体论观点。他认为，翻译活动是"作家—原著—翻译家—译本—读者"参与的过程。译作不是翻译家创造的客观，而是译者、作者、读者三者共同创造的，只是翻译家处于中心地位。谢天振认为，文学翻译中的"创造性叛逆"的主体不仅仅是译者，除译者外，读者和接受环境等同样也是文学翻译的"创造性叛逆"的主体（谢天振，1999：14）。

　　但不可否认的是，在翻译过程中，主要是译者有目的、有选择地作用于原语文本，并通过自身的阐释与重构，创造性地生成了译入语文本；译者是翻译活动中唯一体现出自觉能动性的主体。从符号学的角度来讲，译者控制着产生译文的整个符号操作过程；从功能的角度来讲，译者的功能既包括对原文的理解，又包括对译文的表达。因此，我们讨论翻译活动的主体时还是应聚焦于"译者"这个具有主观能动性的核心主体。

在《翻译学辞典》中，"译者主体性"（subjectivity of translator）是"指译者在翻译活动中表现出来的本质特性，即翻译主体能动地操纵原本（客体）、转换原本，使其本质力量在翻译行为中外化的特性。……译者主体性贯穿翻译活动的全过程，不仅体现在译者对作品的理解、阐释和语言层面上的艺术再创造，也体现在对翻译文本的选择、翻译的文化目的、翻译策略和在译本序跋中对译作预期文化效应的操纵的方面"（方梦之，2019：618）。可见，此定义也将译者的主体性从狭义的语言转换过程扩展到了广义的翻译活动中，涉及文本转换之外的更多因素。当然，最本质和基础的是在语言转换过程显现的译者主体性。

翻译一部文学经典，译者要通读原作，阅读大量与原作相关的注释和评论，并在此基础上进行研究和翻译，用另一种语言，一种个性化（译者的或译语的）的风格，书写一种新的文本形式，这个新的文本又将成为后来众多个性化阅读和阐释的底本。在译者的主体性因素中最主要的是译者的翻译能力或翻译素质。译者的翻译素质同其语言能力（即译者对源语和目标语的掌握）有着直接的关系。

翻译家余光中说过："大翻译家都是高明的'文字的媒婆'，他得具有一种能力，将两种并非一见钟情甚至是冤家的文字，配成情投意合的一对佳偶。将外文译成中文，需要该种外文的理解力和中文的表达力。"（余光中，2004：170）

译者的翻译素质却不仅仅指语言能力，还要有一定的翻译经验，这一点也是非常重要的。思果说："有些学者中外文都好，可是不懂翻译，他们不能翻译，说的关于翻译的话未必中肯。不用心苦译几十上百万字，一面译，一面研究，一面观察比较，即使中外文都好，也无济于事。"（思果，2002：5）

对翻译产生影响的除了译者的语言能力和翻译经验，还包括译者的精神因素，如性情气质、人生目标、道德修养、心理素质、工作态度等。人的精神因素对自身活动的影响是深刻且多方面的。首先，它影响着主体行为的指向性和选择性，决定着活动的侧重点；其次，人的精神因素也决定着投入的活力和行动的效率。锲而不舍的事业精神和不辞劳苦的工作态度能够使人的能动性和创造性得到充分发挥。

傅雷毕生勤于译事，大部分时间都在闭门伏案的孤寂中度过。从他翻译一部又一部的巴尔扎克作品看来，我们得知他翻译一本新书的酝酿过程，少则数月，多则数年，不准备妥当，绝不轻易动笔。而在翻译期间，又小心翼翼、步步为营，对遇到的无数难题，一个个以无比的耐性与毅力去逐步克服。需知翻译家处于物质条件十分简陋的年代，政治环境又诸多限制，要在重重困境中，设法找寻版本，收集资料，的确倍添艰辛！［……］读者在太平盛世手捧译著，埋头阅读之际，可曾体会到翻译家当年在茕茕孤灯下所耗的斑斑心血？

（金圣华，2006：252）

在很多人看来，翻译只是一种单纯的语言文字转换活动，译者只需在译入语中找到与原文对应的翻译单位就可以了。传统的中西翻译思想中有许多贬低译者身份地位的比喻，如把译者比作"学舌的鹦鹉"、"媒婆"、原作忠实的"奴隶"或"仆人"、作者的"应声虫"或"传话筒"等。这些偏见来自人们对翻译性质的误解，他们觉得原文是原创性的，而译文却是由原文派生的，应该从属于原文。因此，他们认为翻译的内涵就是"模仿""复制"，译者要按照原作的形式亦步亦趋、逐字逐句地进行翻译，不能发挥任何主观能动性，没有半点创造自由。译者的创作者身份（authorship）得不到承认，这也导致译作和译者的地位往往被看作是低于原作和作者的。译文虽然依附于原文，然而好的译文却绝对不是对原文亦步亦趋的"模仿"或"复制"，而是以原文为基础的再创造。优秀的译文虽然更换了一具语言的躯壳，但是读起来却让人感觉像是原文作者在用译入语进行写作。译文虽然出自原文，但却是另一件崭新的作品，原来的语言形式发生了改变，原来的思想内容也经过了译者的理解和阐释。在翻译过程中，无论是对原文的理解、阐释，还是语言形式上的重组，无不体现着译者的创造性智慧。因此，翻译也是一种创造性工作，并不比原创容易。请看下面两段经典译文。

Virtue is like a rich stone, best plain set; and surely virtue is best in body, that is comely, though not of delicate feature: and that hath rather dignity of presence, than beauty of aspect.

（Bacon，"Of Beauty"）

上编　翻译的基本问题

德行犹如宝石，朴素最美；其于人也，则有德者但须形体悦目，不必面容俊秀，与其貌美，不若气度恢宏。

（王佐良译）

上文是王佐良先生翻译的培根（Sir Francis Bacon）的随笔《谈美》（"Of Beauty"）的一部分。试想如果译为"美德就像是富裕的石头，最平坦最好；而且自身的美德会是清秀，不必要面容精致，高贵的仪态比外表的美貌更重要"，那么显然没有表达出原作深刻的寓意，也无法在散文文体和作者风格上与原文媲美。而王佐良先生的译文不仅准确、忠实地传达了原作的内容，而且在风格上也做到了与原作的高度近似：凝练、流畅、古色古香。

风急天高猿啸哀，
渚清沙白鸟飞回。
无边落木萧萧下，
不尽长江滚滚来。

（杜甫《登高》）

The wind is keen, the sky is high; apes wail mournfully.
The island looks fresh; the white sand gleams; birds fly circling.
An infinity of trees bleakly divest themselves, their leaves falling, falling.
Along the endless expanse of river the billows come rolling, rolling.

（霍克斯译）

从形式上来看，大卫·霍克斯（David Hawks）的译文没有杜诗工整，但是由于英语与汉语的差异，当代英语诗歌不是非常注重押韵，所以在英美读者看来，这是符合他们的阅读习惯与文化特征的。其实，霍克斯的译文也有他自己的韵律，比如the wind 与the island；an 与along 押头韵；an infinity of 与endless of

的对应；falling，falling与rolling，rolling的复沓等，同样气度不凡，意味无穷。

由上面两例来看，看似"依样画葫芦"的翻译实际上充满了创造性，译者的挑战丝毫不亚于原语作者在创作时遇到的挑战。译文最理想的状态是在文字形式、文字深层含义、语言风格等方面与原文完全对应，但是在一般情况下这是不可能实现的。译者需要发挥创造性，但这并不是置原文于不顾的随意发挥。

虽然，不同语言不同的表达方式及其所蕴含的文化差异使译文不可能绝对忠实于原文，但任何一种翻译都必须以原文为旨归。这是译者不可逾越的底线。也就是说，翻译的创造性与忠实性必须辩证统一：为了求得深层意义的忠实，译者必须先有一种自我否定的创造性精神。译者的创造性也是翻译主体性最重要的体现之一。

第二节　译者的限制与创造性

理解译者主体性要避免两种极端：一是无视原作的制约性，过分夸大译者的主体能动性；二是过分强调原作的制约性，完全排除译者的主体能动性。

在一定程度上，这似乎也是对译者"忠实"和"创造"的度的思考。制约性与创造性并非"势不两立"，相反，制约还为创造性提供了动力，或者说，正是由于制约的存在，创造性才能得以彰显。相比原创作家，翻译家多了一重限制，那就是他的翻译必须以原作（客体）为依据，不能超出原作明示暗喻的范围。从这个意义上来说，翻译的创造性是并不逊色于原作的原创性的。

> 在这种意义下，作家在创作时，可以说是将自己的经验"翻译"成文字。[……]不过这种"翻译"，和译者所做的翻译，颇不相同。译者在翻译时，也要将一种经验变成文字，但那种经验已经有人转化成文字，而文字化了的经验已经具有清晰的面貌和确定的涵义，不容译者擅自变更。译者的创造性之所以有限，是因为一方面他要将那种精确的经验"传真"过来，另一方面，在可能的范围内，还要保留那种经验赖以表现的原文。这种心智活动，似乎比创作更繁复些。
>
> （余光中，2002：34）

这样的翻译，自然不是单纯技术性的语言外形的变易，而是要求译者通过原作的语言外形，深刻地体会原作者的艺术创造的过程，把握住原作的精神，在自己的思想、感情、生活体验中找到最适合的印证，然后运用适合于原作风格的文学语言，把原作的内容与形式正确无遗地再现出来。这样的翻译的过程，是把译者和原作者合二为一，好像原作者用另一国文字写自己的作品。这样的翻译既需要译者发挥工作上的创造性，而又要完全忠实于原作的意图，好像一个演员必须以自己的艺术修养来创造剧中人物的形象，而创造出来的人物又必须完全符合于剧本作家的原来的意图一样。这是一种很困难的工作。但是文学翻译的主要任务，既然在于把原作的精神、面貌忠实地复制出来，那么这种艺术创造性的翻译就完全是必要的。

（茅盾，1954；转引自冯庆华，2002：110-111）

除了文学翻译，非文学翻译也需要创造性，特别是功能性文本诸如广告、公示语。译者根据不同的文本功能和目的，在语言形式上利用译语的语言特点进行变译，不苛求形式上的对等，却更加注重译文功能在译语环境中的实现。

你不理财，财不理你。（《理财》杂志广告语）
If you leave "Managing Money" alone,
Money will manage to leave you alone.

衣食住行，有龙则灵。（建设银行龙卡广告词）
Your everyday life is very busy,
Our LongCard can make it easy.

不同的肤色，共同的选择。（青岛啤酒广告词）
People's skin colors are different—far and near,
But their choice can be the same—for Qingdao Beer.

我们虽然强调翻译的创造性,但创造性并不意味着译者可以置原文于不顾,任意发挥。固然,不可否认的是,不可能存在绝对意义上的忠实于原文的译文,但任何一种翻译都必须以原作为依托。这就意味着,原作的存在构成了对译者创造性的根本性限制。换言之,翻译的创造性是要有一个度的,超过了这个度,翻译的根本性质就会发生改变。

> 译者发挥主体作用和创造性,有一个"度"的掌握问题:译者的创造必须在原著设定的界限里进行,必须忠实地再现原著的意和形,必须尽量适应和满足原著的风格要求;译者的个性切忌过分显露,"喧宾夺主",以至译什么作家、什么作品都带着明显的译者的个人标记,读起来都是一个调调,一个味道。
>
> (杨武能;引自许钧,2010:134)

> [译者的创作]不是拜倒在原作前,无所作为,也不是甩开原作,随意挥洒,而是在两种语言交汇的有限空间里自由驰骋。[……]译者的创造,始于制约,制胜制约,也是一种"带着镣铐跳舞"(闻一多论格律诗语)。既秉有一定的自主,又需要一定的自律。
>
> (罗新璋,1995:9)

就翻译的根本属性来看,翻译不可能拥有属于自己完全独立的艺术标准,必须向原作靠拢。无论是我国历代的翻译标准(如道安的"案本而传"、严复的"信、达、雅"、傅雷的"神似"说、钱钟书的"化境"说),还是西方的翻译原则(如泰特勒的翻译三原则、奈达的"动态对等"),其隐含的基本前提都是以原作为评判译文质量的准绳。这也是翻译与创作最主要的区别。既然翻译必须以原作为依归,那么译者在翻译的过程中,就必须要有克己的意识,时时提醒自己不能有不合适的创作冲动。有些译者不时觉得原作者的表达不到位,于是自作主张,在翻译时添油加醋,随意更改原文。这种做法实际上违背了翻译的要义。

此外,我们也必须认识到,既然翻译是一门艺术,是一种创造性的工作,那么译作与原作之间总是不可避免地存在一定程度的偏离。诚然，传达原作的原汁原味是译者的普遍追求，但由于不同语言、不同文化之间的固有差异，原作风格的传达必然是有一定限度的。对于英语和汉语这两种语言形态和文化内涵都有巨大差异的语言来说，更是如此。请看以下例子。

I love my love with an E, because she's enticing; I hate her with an E, because she's engaged; I took her to the sign of the exquisite, and treated her with an elopement; her name's Emily, and she lives in the east.

（Charles Dickens, *David Copperfield*）

译文1

我爱我的爱人为了一个E，因为她是Enticing（迷人的）；我恨我的爱人为了一个E，因为她是Engaged（订了婚的）。我用我的爱人象征Exquisite（美妙），我劝我的爱人从事Elopement（私奔），她的名字是Emily（爱弥丽），她的住处在East（东方）。

（董秋斯译）

译文2

我爱我的那个"丽"，可爱迷人有魅力；我恨我的那个"丽"，要和他人结伉俪；她文雅大方又美丽，和我出逃去游历；她芳名就叫爱米丽，家住东方人俏丽。

（马红军译）

译文1译出原文以"E"为开头的文字游戏，采用中英文夹杂的方法，趋于异化。但译文读起来不太流畅；而译文2以汉语里"Li"的发音来翻译，并结合语义，让译语读者能够领略到原文在形式上的文学性。

译者的初衷是保持原作的原汁原味，在形式上忠于原文，完全保留原文的表达形式。但这种"原汁原味"实质上根本无法企及原作的审美效果，达不到译作的交际目的。换言之，这种表面的忠实，其实是最不忠实的。高明的译者敢于发挥主观能动性和创造性，充分利用译入语的特点和优势，对原作的内容和内涵进行移译，以最接近原作的审美效果和交际目的。这种翻译表面上看来一点儿都不忠实，但就其实现的功能而言，它对原文又是最忠实的。所以有这样一种悖论：越是试图接近原文的翻译，其结果可能离原文越远；而表面上背离原文的翻译，其精神却同原文高度一致。也就是说，为了接近原文，有时候译者必须先"背离"原文。这其实就是创造性和忠实性的辩证统一：为了深层意义的忠实，译者必须先有一种自我否定的创造性精神。翻译的艺术性和创造性就体现在这里。

第三节　翻译风格和译者风格

风格是指作家或艺术家在创作中所表现出来的艺术特色和创作个性，体现在文艺作品的内容和形式各要素中。风格包括创作者个人风格、流派风格、时代风格、地域风格等不同种类。

翻译风格是译者在翻译过程中运用语言各种表达手段综合表现出来的气质和格调。翻译风格既是翻译主体（译者）和翻译客体（文本）互动的结果，也同时受制于意识形态、民族心理、时代风尚等语境因素，因而涵盖了个体性、语体、民族、时代、地域、流派等风格。那么翻译风格是作者风格、译者风格还是译作风格？

翻译作品是译者的作品，因此翻译风格也首先是译者个体性和个性化的产物，是译者作为翻译主体与翻译客体（文本）互相作用的结果。在这一过程中，译者个人的性格气质、学识修养、工作态度、表现手法、语言特色、翻译目的等因素都会对翻译风格产生影响。

当然，在翻译过程中，译者的活动受到诸多因素的制约，其中居于核心地位的是翻译客体（文本）。译者不像作者那样可以自由发挥，因为译者的翻译活动必须依托原语文本展开，其本质任务是通过译语媒介传达原文的意义，包括概念意义、形式意义、文化意义等。这些都对译者的翻译活动产生制约，而附加在这些意义之中的原文风格也必然在译入语文本中得以体现。

翻译主体和翻译客体的互动是构成翻译文学个体性风格的基本形态。然而，翻译风格的形成还会受到其他因素的影响。比如，翻译总是在一定的社会和文化语境中发生的，因此，翻译风格也必然受到那个特定的时代或社会文化语境的影响，从而体现出特定的时代特征和群体特征。影响翻译风格的另一重要影响因素是接受主体（译文读者）的参与。主客体互动和语境因素的共同作用形成的只是潜在的翻译风格，而翻译风格的最终形成还需要译文读者的解读、体验和揭示，这样才能达成对某一种翻译（译者／译作）风格的普遍性认识。

对于同一个作者，不同译者在对其风格的理解和再表达时也有不同思考。以村上春树作品的两位代表性译者林少华和施小炜为例。20世纪80年代以来，林少华译有村上作品42部，包括《挪威的森林》《且听风吟》《寻羊冒险记》《舞！舞！舞！》《海边的卡夫卡》《刺杀骑士团长》等；施小炜译有村上作品《当我谈跑步的时候，我谈些什么》《1Q84》《没有色彩的多崎作和他的巡礼之年》等。村上春树作品的中译本读者普遍认为，林少华的译笔属于意译，偏重审美，华丽肆意；施小炜的译笔属于直译，尊重原文。下文摘自《新京报书评周刊》（2018-03-15）访谈。

关于原作/原作者的风格——

林少华：村上自己概括过他的语言风格或文体特点：简洁、有节奏感、幽默。而幽默大多表现为一种"微妙的意趣"，所以不妨以妙趣称之，这点集中表现在比喻修辞上面。

施小炜：我觉得概而言之，村上春树的文字，与其说凝重，毋宁更偏轻灵；与其说华丽，毋宁近乎朴实；文风亦多变，因体裁而异；随处透露出幽默感，尤其是随笔。不敢说我再现得就十分到位得体。

关于"审美愉悦"和"忠实原文"——

林少华：审美与忠实并不矛盾。忠实或可分三个层面：语义忠实、文体忠实、审美忠实，我认为就文学翻译来说，审美忠实最重要。西方有人说翻译即叛逆。在我看来，纵使叛逆，也要语义层服从于文体层，文体层服从于审美层，而审美层是不可叛逆的文学翻译之重。这是因为，通过语言艺术达成的文学审美功能是文学三大功能中唯一不能为其他学科、其他艺术门类所无法完全取代的功能——"悠然心会，妙处难与君说"！

　　施小炜：能够带来审美愉悦固然好，但忠实原文应是准入门槛。做不到准确忠实，就是翻译不及格，审美愉悦便无从谈起，就不是翻译，是"编译"。介绍外国文学，大约可粗分为"翻译"与"编译"两种方法。日本人的所谓"翻案"，堪称编译极致。

　　从林少华和施小炜两位译者的回答中可以看出，两位译者对原作者写作风格的认识基本一致：简洁幽默。但两位译者在翻译实践中之所以表现不同源自他们对文学翻译表达层次的重要性的不同认识。林少华认为，审美是最重要的层次，因为文学的审美功能是文学所有功能中最重要的，需要通过语言文字来忠实于这种审美功能，而不是语义和文体上的亦步亦趋；而施小炜认为，忠实原文是翻译的基本要求，文学翻译亦是如此，反之则成了编译。

　　那么，风格是可译的吗？刘宓庆提出以下观点：（1）大多数风格标记是可以转换的，其中包括形式标记和非形式标记。（2）人类的语言功能是一致的，即共同具有表感功能，因此，由表感功能产生的风格感应力也是大同小异的，这是风格可译性的很重要的依据。（3）风格的翻译与译者的语言转换技能和才情功力有极大的关系。（4）风格的可译性将随着对风格的深入、系统的研究和对风格的科学论证工作的发展而得到保证（刘宓庆，1990：54）。

　　对风格可译性的讨论需要首先避免绝对化的提法，如认为风格是绝对不可译的，或者说风格是百分之百可译的。这两种提法不科学，也不现实。比较中肯的说法当是，风格在一定程度上是可以译的，但要做到百分之百地在译文中复制原作的风格则是不可能完成的任务。只要是翻译，不管译者的主观意愿如何，只要他不是有意对原文进行篡改，源语文本的风格就必然会或多或少渗透到目标语文本的字里行间。就如同画家临摹山水一般，一千个画家会画出一千幅不同的画作，但在任何一幅画作里，我们都可以看出山水的基本特征。翻译也是同样的道理。比如说，莎士比亚的《哈姆雷特》在我国有几十种译本，这些译本各有千秋，风格有很大的不同，但细心的读者仍可以体会到译者翻译的作品出自莎士比亚，而不是其他哪位作家。至于进一步描摹和传达出原文的意境和格调，那就要看译者的功力以及他与原作者在行文气质方面的近似度了。

刘宓庆认为，一部作品的风格应该主要包括这三大类特征：（1）形式标记，指作品在语言符号方面的外在特点；（2）非形式标记，指作品的内在气质；（3）文化色彩，指作品受社会、时代和文化环境等因素的影响而表现出的"烙印"（刘宓庆，1990：2）。

真正考验译者的还不是"形式特征"，而是"非形式特征"，即不能借由形式直接观察而来的特征。具体来说，非形式特征指的是作品的内在气质。一般来说，任何形式的文学作品都有一种意境或氛围，这种意境和氛围依托于审美客体的总的语言结构体式和交际功能立意，具有整体性和开放性的特点。翻译风格的非形式特征往往能够从形式特征那里得到印证。

从我国传统译论来看，对风格的非形式特征的讨论最多。我国翻译家和评论家在评价一部翻译作品时，多用印象性术语，具有明显的直观和模糊思辨的特点，这一点同我国的文论传统是一脉相承的。我国传统文论和美学中的很多核心概念，如"神韵""气""境界"，都具有明显的非形式特征。因此，同西方的形式化的语言理论相比较，我国传统译论和文论体现出的是一种浓郁的人文主义色彩。我国传统翻译批评重整体、重直观的特点同当代美学、语言学和译学理论也不无契合之处。这方面最具相关性的可能要属格式塔心理学（gestalt psychology）了。这一理论的主要观点是，人在认识事物时首先认识的是整体而不是某个特定的部分，也就是我们常说的整体大于部分。就翻译来讲，译文的整体效果更重要，这和中国传统翻译观念重整体呈现出的神韵和气质等是类似的。这就要求译者在翻译的过程中把握全文，而不拘泥于个别的字句段落。原作和译作风格的总体特征要一致，而具体体现在微观层次上的形式特征则要视具体情况或保留或变化。

除了形式特征和非形式特征，风格还有另一个维度，那就是文化色彩，即原文文字因其创作所处的时代、地域和社会特性而表现出的语言和文化的特质。比如屈原的《离骚》创作的年代距我们十分遥远，其词句自然、古意盎然。同样，我们阅读詹姆斯·乔伊斯（James Joyce，1882—1941）的《都柏林人》（*Dubliners*），也会感受到一股浓郁的20世纪初的爱尔兰民族风情。源于语言的时代性和地域性的风格如何体现在译文中，是一个实践性很强的问题，迄今没有标准答案。不同的译家其译法各有千秋。如王佐良用浅近文言翻译的《培根随笔》，张谷若尝试用山东方言翻译哈代作品中的韦塞克斯方言，都是为了使译文同原文取得某种效果上的近似。不过，翻译界主流的译法还是以今（当代的语言）译古（古代的文字）、以标（普通话）译方（方言）。这也是和译文读者的时代群体特征相吻合的。

小　结

翻译的主体是译者，是具有主观能动性的翻译活动行为者，在翻译过程的各个阶段发挥主体性，主导或参与核心的语言转换行为。译者以自身的语言能力和翻译素养对原文进行全面理解和深入研究，将其隐藏在原文语言形式下的意义剥离出来，再以恰当的译语语言形式进行表达。在这一过程中，译者的主观能动性、审美能力和创造性都得到了积极的调动和体现，并且会或多或少展现出译者的个人风格和特点。但译者的主体性又受限于原文的思想内容和文学性、翻译活动所处的社会文化语境、译文在接受环境中预期实现的功能等因素。

思考题：

1. 在文学翻译中，翻译的主体性是如何体现的？
2. 相对于创作而言，翻译的限制更多。那么是不是限制越多，翻译的创造性就越少呢？
3. 翻译的风格更多体现的是原作的风格还是译作（或译者）的风格？

第五章 翻译中的矛盾

翻译的动态过程涉及诸多因素,这些因素构成各种矛盾,成为译者翻译的障碍。如何正确认识各种矛盾因素,对于译者采取可行的翻译策略和方法,克服翻译障碍,在两难的处境中权衡得失,从而在译语环境中实现翻译目的,是十分重要的。

第一节 可译性和不可译性

"可译性和不可译性"实际上是在讨论翻译的可行与否,以及可行性的限度如何。可以说,可译性和不可译性的探讨实际上是探讨翻译活动其他基本问题的前提。

传统的观点认为,语言的结构或多或少源于宇宙的结构和人类思维的普遍结构。而有观点却认为,任何语言系统对外部世界都有独特的分析方法,有别于其他语言。不同的语言往往分别用不同的语言结构表述同一自然现实;同时,不同语言往往以不同的结构来切分人类的客观经验。那么,表述同一自然现实和切分同一人类客观经验时的不同语言结构,是否能够对译?如果可以,这种对译有局限性吗?译者应当进一步认识不同语言的结构关系,认识不同语言的表达力的差异,在语言的结构、语言的实际运用中去考察与语言本质相关的翻译障碍,以及世界映像和文明差异给翻译带来的种种困难。翻译要做的就是,尊重这些差异,并采取积极手段去弥补译语的"不足"或"缺陷"。

法国语言学派翻译理论家乔治·穆南（Georges Mounin）对"可译性"进行了多方面的探索。他认真研究了现代语言学的共相（universaux），认为与翻译活动的可行性直接相关的是，与翻译相关的语言是否具有共同的特征，即"语言共相"。经过多方考察，他认为，语言的共相，又称共性，是宇宙、生态、生理、心理等共相现象存在的必然结果，而这一必然结果构成翻译的可行性或哲学意义上的可能性。但对于翻译活动来讲，还有相对的一面，即语言和文化具有各自的独特性，即个性，这构成了翻译的必要性，同时也构成了翻译的障碍，即一定程度上的"不可译性"（许钧，2001：55-56）。穆南第一个明确提出"翻译是可能的，但它确有限度"的观点，并且从多个方面分析了这些障碍。首先，文化的多样性对翻译构成障碍，包括文化上的缺项、语言的意义单位、句法结构、形式功能、交际环境等方面的差异；其次，翻译的可行性存在于其限度之中，而其限度也不是一成不变的，其受限程度会随整个人类对世界的认识程度而变化；第三，他反驳了新洪堡学派以语言差异导致人们对世界映像的认识差异为由提出的"不可译"的绝对观点，坚持认为"人类语言能力"与"人类对世界的认识"之间具有相互制约的辩证关系，进而提出人类的文化史是在人们克服困难、不断认识世界、相互交流的运动中发展的。而翻译活动的可行性在很大程度上取决于不同文化之间的不断接触和交流（许钧，2001：57-59）。

德国语言哲学家、翻译学家瓦尔特·本雅明在《译者的任务》中提到，"如果其本质在于求得与原著的类似，那么任何翻译均是不可能"（转引自谢天振，2008：321-323）。而翻译的可能性在于：（1）称职的译者；（2）原著的本质不仅可译，而且需要翻译，为原著的"来世生命"（afterlife）提供可能性。

翻译家的任务在于用自己的语言将"纯语言"（pure language）从受困于另一种语言的魔咒中释放出来，在再创造中将囚禁于一部作品里的语言解放出来。"纯语言"指人类普遍的语言能力和意图（intention），这种普遍性不限于一种语言，它适用于所有语言，表现为不同的意指对象（object）和意指方式（mode）系统。译者不要被一种语言的特殊性所束缚，要善于通过再创造，将意图进行再现，甚至进行创造性地发挥。

而在翻译实践中，可译性就是指原文的内容、风格等可以用译语语言表达出来，达成不同语言使用者对同一事物的理解相通；而不可译性则相反，指译文不可能准确完整地再现原文，不可译性包括语言形式和文化上的不可译性。英国翻译理论家卡特福特在论述翻译等值关系时，就这两种不可译性进行过详细的阐述。他认为，不可译性的产生主要是没能在译语文本的语境意义中建立与原文在功能上相关的语境特征（转引自廖七一等，2004：141）。语言不可译指译语没有与原语文本对应的语言形式特征，如语音、词素、词汇、语法、文体；文化不可译指文化差异和文化空白所造成的在译语语境中的无法再现。但不管是语言还是文化上的不可译性都是相对的，随着社会和语言的发展，语言和文化之间的接触和交流越来越多，处理不可译现象的方法会越来越多，不可译的现象会越来越少。这也是翻译之于不同民族和文化之间交流和沟通的重大意义所在。

我们讨论的关于翻译活动的议题都是基于"翻译是可行的"这一前提，但语言和文化上的不可译处又比比皆是。这说明无论从理论还是实践来讲，不可译性都是翻译理论家和实践者绕不开的议题，且由此产生更多值得探讨的翻译现象和问题。所以，只有辩证地看待可译性和不可译性的问题，才能较为完整地认识翻译活动的全貌和细节，正视不可译性存在的合理性，进而采取恰当和灵活的手段进行弥补。

第二节　直译和意译

直译（literal translation）和意译（free translation）是翻译活动最古老的话题。两者既是两个翻译标准，也是翻译实践中互补共存的翻译方法。早期苏联语言学家巴尔胡达罗夫（Степан Григорьевич Бархударов）将二者进行了定义和区分。其中，直译为"made on a level lower than is sufficient to convey the content unchanged while observing TL norms"（方梦之，2019：95），又称为"word-for-word translation"；而意译为"made on a level higher than is necessary to convey the content unchanged while observing TL norms"（方梦之，2019：62），又称为"sense-for-sense translation"。巴尔胡达罗夫的定义重点落在是否达到"保证内容不变而同时又遵守译语规范"这一要求上。他认为，直译是低于意译却高于此要求的。之后也有其他研究者提出了类似"直译/意译"这种二元关系

的说法。比如，尤金·奈达的"dynamic/formal equivalence"、朱莉安·豪斯（Juliane House）的"covert/overt translation"、恩斯特–奥古斯特·格特（Ernst-August Gutt）的"direct/indirect translation"、吉迪恩·图里（Gideon Toury）的"acceptability/adequacy"等。

当然，我们用直译和意译来区分翻译标准和方法时，还要考虑到翻译的单位，即以什么样的语言单位作为翻译理解和表达的单位，是词语、短语、句子、段落还是篇章。比如，以词语为单位进行理解和表达，使用直译和意译得到的是完全不同的译语表现形式。直译保留了原语形式，也并不阻碍译文读者对其内容的理解。比如：

attracting eyeballs　　　直译：吸引眼球　　意译：引人注目
bottleneck　　　　　　　直译：瓶颈　　　　意译：障碍

而有的原语形式如果有译语语境中没有或少见的文化内容，就往往会"借用"译语中有类似内容或相关联的语言形式来表达。比如：

money makes the mare go　　有钱能使鬼推磨
a mouse in time may bite in two a cable　　只要功夫深，铁杵磨成针
look for a needle in a haystack　　大海捞针
a closed mouth catches no flies　　祸从口出

但如果以更大的语言单位来作为翻译单位，直译和意译孰优孰劣就要在更多的上下文或更广的社会文化语境中来讨论了。

"What the devil's got into Tom?" Legree said to Sambo. "A while ago he was all down in the mouth, and now he's peart as a cricket."

（Harriet B. Stowe, *Uncle Tom's Cabin*）

译文1

"到底这有什么东西钻进了汤姆的肚子里去了呢？"雷格利问桑

波。"一会儿以前他还是愁容满面,而现在却像蟋蟀一样愉快活泼。"

(张培均译)

译文2

"真见鬼,汤姆是怎么了?"雷格里问山宝道。"前两天还是垂头丧气的,现在却这么精神勃勃。"

(黄继忠译)

In the height of the season, Legree did not hesitate to press all his hands through, Sundays and weekdays alike.

(Harriet B. Stowe, *Uncle Tom's Cabin*)

译文3

在这大忙紧张季节,雷格利毫不犹豫,胁迫全体工人工作,礼拜天和非礼拜天一样。

(张培均译)

译文4

在农忙高潮时,雷格里索性逼着黑奴们连轴转,连礼拜天也不例外。

(黄继忠译)

前一个译例中,译文1张培均的直译很好地保留了原文的修辞手法,译文生动形象;译文2黄继忠的意译去掉了比喻,虽简洁达意,但审美效果却丢失了不少;后一译例中,译文3张培均的直译保留了原文的句子结构,词语也几乎完全对译,但却显呆板;而译文4黄继忠的意译巧妙选词,将人物的动作神韵一一表现出来。正如鲁迅说的,"凡是翻译,必须兼顾着两面,一当然力求易解,一则保存着原作的丰姿。"(转引自林煌天,等,1997:252)所以,在既忠实于原文又符合译语表达的前提下,直译是可行的;但当直译有损原作风格和神韵时,则要考虑意译是否能再现原作的精神。傅雷说,"以效果而论,翻译应当像临画一样,所求的不在形似而在神似"(傅雷,2018:96)。这里的"神"是指原作的神韵和风格。特别是文学作品,要传达原文的情感和意境,很多时候仅靠亦步亦趋的直译是不行的。因为阅读文学作品是一种审美体验,译成另一种文字时要考虑思维方式的变化,最终目的是要让译作的读者也能有相似的审美体验。在下面的译例中，霍克斯充分利用英语雅致的词汇句式和语体风格，保留了原文中人物描写的审美元素，比起朴素的杨译，似乎能让译文读者获得与原文读者更相近的审美体验。

两弯似蹙非蹙罥烟眉，一双似喜非喜含情目。态生两靥之愁，娇袭一身之病。泪光点点，娇喘微微。闲静时如娇花照水，行动处若弱柳扶风。心较比干多一窍，病如西子胜三分。

（曹雪芹《红楼梦》）

译文1

Her dusky arched eyebrows were knitted and yet not frowning, her speaking eyes held both merriment and sorrow; her very frailty had charm. Her eyes sparkled with tears, her breath was soft and charm. In repose she was like a lovely flower mirrored in the water; in motion, a pliant willow swaying in the wind. She looked more sensitive than Pi Kan, more delicate than Hsi Shih.

（Pi Kan: a prince noted for his great intelligence at the end of the Shang Dynasty; Hsi Shih: a famous beauty of the ancient kingdom of Yueh.）

（杨宪益、戴乃迭译）

译文2

Her mist-wreathed brows at first seemed to frown, yet were not frowning; Her passionate eyes at first seemed to smile, yet were not merry. Habit had given a melancholy cast to her tender face; Nature had bestowed a sickly constitution on her delicate frame. Often the eyes swam with glistening tears; Often the breath came in gentle gasps. In stillness she made one think of a graceful flower reflected in the water; In motion she called to mind tender willow shoots caressed by the wind. She had more chambers in her heart than the martyred Bi Gan; And suffered a tithe more pain in it than the beautiful Xi Shi.

（霍克斯译）

第三节　异化和归化

"(foreignization) ... in which a TT is produced which deliberately breaks target conventions by retaining something of the foreignness of the original."

（Shuttleworth, Cowie, 1999: 59）

"(domestication) ... in which a transparent, fluent style is adopted in order to minimize the strangeness of the foreign text for TL readers."

（Shuttleworth, Cowie, 1999: 43）

从以上定义来看，异化和归化的不同在于对原文异质性（foreignness/strangeness）处理方式的不同：前者是通过有意破坏译语规范来保留异质性，后者是通过透明且流畅的译文来最小化异质性。

归化和异化概念的所指范围要大于直译和意译。具体而言，直译和意译主要是针对语言层面而言的，即译文的表达形式是否遵循原文的词句结构、语言格律、修辞手段等。而归化和异化除了语言层面，还有文化的维度，即译者在处理富有文化色彩的概念时，如保留则属异化，如改造使其符合译入语的文化规范则属归化。请看下面两个《红楼梦》的译例。

宝玉叹道："当初姑娘来了，那不是我陪着玩笑？凭我心爱的，姑娘要，就拿去；我爱吃的，听见姑娘也爱吃，连忙干干净净收着等姑娘吃。"

（曹雪芹《红楼梦》）

译文1

Pao-yu heaved another sigh. "Wasn't I your playmate when you first came?" he demanded. "Anything that pleased me was yours, cousin, for the asking. If I knew you fancied a favorite dish of mine, I put it away in a clean place till you came."

（杨宪益、戴乃迭译）

译文2

'Oh, the beginning!' said Bao-yu. 'In the beginning, when you first came here, I was your faithful companion in all your games. Anything I had, even the thing most dear to me, was yours for the asking. If there was something to eat that I specially liked, I had only to hear that you were fond of it too and I would religiously hoard it away to share with you when you got back, not daring even to touch it until you came.'

（霍克斯译）

两个译本翻译目的不一样，读者群也不一样。译文1杨译的目的是把中国文化介绍给英美读者，以想了解中国文化的英美读者为对象，因而基本上遵循了以原语文化为归宿的原则，即采用了异化的方法；译文2霍译则明显是为了取悦译文读者，是为普通英美读者翻译的，因此他遵循了以目的语文化为归宿的原则，即采用了归化的方法。那么，想学习汉语和了解中国传统文化的英美读者阅读杨宪益先生的译本将大有裨益，而只是为了猎奇、消遣阅读中国文学作品的英美读者，阅读霍克斯的译本才能达到这一目的。

在不同的语言之间，尤其是英语和汉语这样语言形态大相径庭的语言之间，存在一个"翻译度"的问题。语言中的一些元素从本质上来说是"抗翻译"（translation-resistant）的。以英译汉来说，有经验的译者都知道，英语中的特殊语音、韵脚、轻重音节、双关语、俗语等，在译入汉语时是几乎找不到对应的表达的，更别说那些特殊词法和特殊句法了。反之亦然。

对归化和异化讨论最多也最系统的是美籍意大利翻译学者劳伦斯·韦努蒂（Lawrence Venuti）。不过，韦努蒂的论述带有强烈的政治色彩，因此这一对概念在他的论述中也有其特定的含义。在他看来，所谓"归化"，就是指译者在翻译过程中采用一种透明的、流畅的风格，从而最大限度降低外国文本之于目标语读者的陌生感。而所谓"异化"，则是指译者在翻译时就算是破坏目标语的规范，也要保留原作的异质性。基于对译入英语（强势文化）的意大利语（弱势文化）作品的考察，韦努蒂是从政治、文化、意识形态、历史等宏大背景的视角提出这两个概念的，而他本人对这两种翻译方式的态度并不是中立的。在他看来，归化的译法"用种族中心主义思想,迫使外语文本遵从目标语文化的价值观","要求翻译必须透明、流畅,隐形,将异质性成分最小化"(芒迪,2014:207-208)。

韦努蒂认为,归化译法的深层次原因并不在于强调译文的可读性,而是源于文化之间的不平等,即在西方强势国家和其他弱小国家之间存在"中心/边缘"的二元对立模式。

具体而言,在西方国家看来,它们的文明是处于中心地位的(dominating),而世界其他国家或地区的文明则是处在边缘位置的(dominated)。表现在文学翻译中,就是西方译者对原语(弱势)文化的改造,使之适应西方的主流意识形态。翻译中的这种对他文化的归化是一种"我族中心主义"(ethnocentricity)的表现。从译者的角度来看,由于归化译法追求的是使译文读起来不像译文,而像是本土作品,因此译者的努力反倒使自己容易被读者忽视,从而变成隐身人(invisibility),失去了应有的地位。在韦努蒂看来,这是若干世纪以来译者地位一直无法得到提高的根本原因。即使在今天的欧美国家,译者仍然处于比较边缘化的位置。若要改变这种局面,必须摒弃归化的翻译方式,取而代之以一种尊重原语文化价值、凸显外国语言文化差异的翻译策略,也就是异化的翻译策略。异化的翻译策略实质上是一种"非我族中心主义的翻译"(non-/de-ethnocentric translation):通过故意运用不流畅、不通顺或陌生化的翻译风格,凸显原作的异质性和译者的存在,并摆脱译入语文化对原语文化的控制和改造。

韦努蒂的归化和异化概念是在特定的时代语境下提出来的,有很强的政治和意识形态色彩。在这一对概念的背后,韦努蒂实际上阐发的是他反文化霸权主义、反西方大国我族中心主义的立场。他的翻译理论著作帮助人们看清了美、英等西方强国的文化殖民主义,对于帮助弱小国家和民族反抗文化操纵、提升话语权、提高译者的主体地位,具有十分积极的意义。但是我们必须同时认识到,韦努蒂的归化和异化理论主要是针对美、英等大国的翻译历史和翻译现状的,是针对特定地域和特定历史语境而阐发的,因此在应用上有其局限性,并不具有普遍的适用性,我们更不能在翻译实践中盲目遵从他提出的主张。

自从韦努蒂的学说传播到中国以后,国内掀起了归化和异化的讨论热潮,赞成归化者有之,赞成异化者亦有之。但总体而言,后者居主流地位。这些赞成异化的主张多认为归化对目标语国家的语言和文化发展不利，不利于译者主体地位的提升，而且有民族中心主义之嫌。

异化和归化是一对主观的、相对的概念，在讨论时需要考虑如翻译时的政治环境、两种文化的地位对比、读者的阅读期待、翻译的目的等其他因素。脱离具体的语境单纯讨论孰优孰劣的做法是没有意义的。采用何种方法实际上是受译者（或者赞助人）的文化立场制约的。

小　结

本章主要论述翻译中的矛盾。首先从哲学角度探讨翻译是否可行，继而聚焦于翻译实践中的各种不可译因素，包括语言差异和文化因素造成的各种障碍，以及如何正确对待和处理这些障碍，以保证翻译活动的顺利进行。自古以来，关于翻译的标准讨论最多的就是直译和意译。这是最基本的层次，但也是译者在翻译活动中最直接的行为，是更宏观的翻译策略和译者立场的落实和体现。除了涉及语言层面，异化和归化这对概念还有文化甚至政治层面的含义。

思考题：

1. 请从语言和文化差异的角度分析翻译的可译性和不可译性。
2. 作为翻译的两种基本方法，直译和意译各有什么优点和缺点？
3. 作为文化层面的翻译策略，异化和归化各自反映了哪些不同的文化立场？

上编　翻译的基本问题

第六章　影响翻译的外部因素

作为一种跨文化的交流活动，翻译以语言符号转换为形式，以意义再生为目的。翻译的各种因素（内部/外部、主观/客观）相互作用，在翻译的不同阶段起着不同的作用，合力形成了翻译活动的最终结果。广义的翻译活动决定了翻译的结果并不仅仅由翻译活动内部的因素，比如语言的差异、译者的能力和态度来决定，还会受到历史、文化甚至政治因素的影响。我们把这些统称为影响翻译的外部因素。其中，最重要的便是社会文化语境和意识形态因素。

第一节　社会文化语境

英国人类学家布若尼斯劳·卡斯帕·马林诺夫斯基（Bronislaw Kaspar Malinowski）最早提出"文化语境"（区别于"情景语境"）这一概念。"文化语境"指某一言语群体特定的社会规范和习俗，包括当时的政治、历史、哲学、科学、民族习俗等。任何一种社会交际活动都存在于特定的情景语境之中，翻译活动也不例外，会受到客观的情景语境因素（语场、语旨和语式）的制约和影响；而文化语境是更加特殊的语境框架，涉及一系列特殊的主观心理语境因素。与言语交际相关的社会文化语境可以分为两个方面：一是文化习俗，指人们在社会生活中世代传承、相沿成习的生活模式；二是社会规范，是一个社会群体在语言、行为和心理上的集体习惯，对属于该集体的成员具有规范性和约束力。

作为一种跨文化的言语交际活动，无论是广义的还是狭义的翻译活动无不在一定的文化语境中进行。文化语境既涉及原语和译语两端文化环境的各种客观要素，又涉及译者（或包括赞助人、出版商等）的主观心理因素，因此在从翻译对象的选择、翻译策略和方法的应用，到翻译成品的接受整个过程的各个阶段都起着重要作用。原文是在原文语境中产生的文本，翻译活动则让其在新的译语文化语境中得以延续。

除此之外，对于翻译来讲，文化语境还可以指一个国家或民族所处的文化空间，以及与其他国家或民族形成的文化关系。因此，文化语境又具有间性特征，也就是相互关系。翻译研究"文化转向"之后，翻译现象被置于更大的社会文化语境当中加以考察。其重要概念，如历史、功能、改写、伦理等都与文化紧密相关；其中，多元系统论更是将翻译文学纳入文化这个大系统，重点强调译语接受环境的各个社会文化因素对翻译活动过程的影响。在翻译研究中，翻译的语境策略从对原语语言和文化的"忠实"，转向了对译语语境的高度重视，强调译语语境包括意识形态、诗学、赞助人在内的多种社会文化因素，或整个译语文化系统对翻译活动过程和译作接受的影响。文化翻译的发生似乎完全被译语语境因素操纵。

然而，澳大利亚翻译理论家安东尼·皮姆（Anthony Pym）认为并非如此，也不应该如此。他在《翻译史研究方法》（2007：186-187）中提出"互文化"（intercultures）假设，用以描述原语和译语之间的地带（intersections/overlaps）。他认为，这一空间具有的互文化性（interculturality），既不是多元文化（multiculturality），也不是单向的跨文化（cross-cultural transfer）。他借助美国文化人类学家雷那多·罗萨多（Renato Rosaldo）对民族学的如下描述"民族、阶层和文化之间的边界具有一种混杂的隐身"，来指涉翻译同样有这样的特点，并认为跨文化交际中的边界研究值得翻译研究关注。

孙艺风也在《文化翻译》中详细探讨过翻译中的文化语境。他认为，翻译的文化语境是多元性的，既带有原文历史、文化和社会语境因素，也会得到重新塑造成便于读者理解的译语文化语境。他说："翻译包含了外来文化的移植与本土文化的传承，其结果不可避免的是两种文化的叠加与交融，译文中的话语混杂构成了多元文化的特质。"（孙艺风，2016：51）他认为译者的跨文化阅读心理非常重要，需要超越文化相对主义来建构文化间的联系："在大多数情况下，原文文化语境和译文文化语境往往具有足够的相似点或者相通处，因此我们在阐释时至少有可能不必太费劲……（但是）翻译需要重构语境以避免移植（原文）语境，因大量提供额外的历史和文化信息的做法是不现实的——对目标语读者是一种难以承受的文化负担。"（孙艺风，2016：53）

因此，我们不难看出，翻译的文化语境是一个复杂的多元构成：译者通过自己研究性的阅读将呈现原作文化语境的各种语言因素解析出来，利用自己对译语语言和文化语境特点的把握，在译语的文化环境中重构译作的种种文化隐喻，使译作在整体上达到与原作的相关性和自身的可读性的统一，最终在译语文化环境中传播并产生影响。

五四时期是中国思想文化的转折点，这一时期外国文学翻译出现了前所未有的繁荣局面。延续清末民初时期的西学东渐，五四时期的外国文学翻译题材更加丰富，这与当时中国的社会文化环境是密切相关的。五四时期，一方面，新文化运动和白话文运动力图借助文学翻译，促成中国的文学改良和近代新文学的建设；另一方面，文学翻译还承担了民智启蒙和民族救亡的重任。要完成文化改良和社会变革的双重任务，译介作品中的文化语境就必须契合重塑译语文化环境的要求。也就是说，翻译要在文学题材和更深层的社会价值上谋求二者的融合。任淑坤在《五四时期外国文学翻译研究》中总结了这一时期译本选择的变化："俄国的文学作品译介入中国的数量一路攀升，遥遥领先于其他国家。法国、德国、英国、印度、日本的文学作品也深受青睐。弱小民族文学得到了足够的重视，但其绝对数量远远小于俄、法、德、英等国家。就作家而言，托尔斯泰、莫泊桑、契诃夫、泰戈尔等作家深受欢迎。就文类而言，五四译者选择的主要是严肃的社会小说，包括批判现实主义和浪漫主义等。"（任淑坤，2009：105）

第二节　意识形态

意识形态（ideology）泛指社会或个人行为背后的思想及解释系统。意识形态因素是包括翻译在内的各种形式文化交流中最重要的文化因素之一。"ideology"源自希腊文"idea"和"logos"，意指观念学说。18世纪法国哲学家德斯蒂·德·特拉西（Destutt de Tracy）用它来指代与解释性的理论、体系、哲学相区别的世界观和价值观。在《现代汉语词典》（第7版）第1556页中，意识形态的定义是："在一定的经济基础上形成的，人对于世界和社会的有系统的看法和见解，哲学、政治、艺术、宗教、道德等是它的具体体现。意识形态是上层建筑的组成部分，在阶级社会里具有阶级性，也叫观念形态。"

翻译涉及两种文化的接触，但这种接触时常是不平等的。对于本土的文化价值体系而言，面对外来的、陌生的意识形态，最初其态度总是抵触和谨慎的，因为外来文化的进入可能带有显形或隐形的渗入、冲击甚至颠覆的企图。这时，本土的文化和意识形态对待外来者的态度就十分重要。如果主流意识形态利用权力话语完全拒绝与外来文化交流，那么长期的封闭会导致这种文化发展停滞，甚至走向衰落；或者在外来者面前毫无抵抗之力，只能被其同化甚至取代；或者对外来者进行利用和操纵，达到对其进行归化，实现为我所用、辅助统治的作用。然而，翻译在携带本土的意识形态试图进入译语环境时，总是希望能够被彼时彼地的环境所接受并得以存续和扎根。所以，在跨文化交流中，不同意识形态的碰撞和冲突是时常发生的。

意识形态与翻译的关系并不仅仅表现为意识形态对翻译的操控；反过来，翻译也可以给意识形态带来稳定、改造甚至颠覆等影响。两者的关系是双向的，也是相对的。翻译活动既有特定的语言和文化语境内部各种意识形态的实力角逐，也包括主流意识形态整体上对待外来意识形态的文化心理、立场和策略。它是一个框架性的概念，涉及包括原作、译者、译作、读者主体在内的个性和间性关系，具备历史的描述性——它本身可以用来描述翻译，也可以成为翻译描述的对象。

美籍比利时翻译理论家安德烈·勒弗菲尔（Andrew Lefevere）对于深刻影响翻译特别是文学翻译的文本外因素进行过系统的研究，涉及权力、意识形态、机构、赞助人、操纵等问题。他将翻译和史料编撰、文集编选、评论、编辑等都视为一种"改写/重写（rewriting）"行为，认为"翻译是最引人注目的一种重写……也是最具有潜在影响力的一种重写，因为翻译能够为作者和（或）作品在源文化之外的地方展现形象。"（芒迪，2014：183）他认为，翻译在文学系统中主要受制于两个因素，一是处于系统内部的专业人士所主导的诗学（poetics），另一个是来自系统外部的赞助行为（patronage）；而与赞助行为相关的主要因素之一就是意识形态，它限制主题的选取和表现主题的形式。在这里，意识形态不仅仅局限于政治意义，而且更加笼统，包括"规范我们行动的形式、习俗和信仰"（芒迪，2014：184）。他还进一步强调，"翻译过程的每个层面都清楚地表明，假若对语言的考虑与对意识形态和（或）诗学之类的考虑发生冲突，对语言的考虑往往会败下阵来"（芒迪，2014：186）。

宏观来讲，一个国家的主流意识形态对于翻译作品的选择和译介有重要的影响。下面以新中国成立初期的翻译活动为例来考察意识形态这一外部因素对翻译活动的影响。

新中国成立以后，包括翻译事业在内的文化建设被纳入社会主义改造和建设的大系统中。在1949至1966年这17年间，全国召开了二十余次重要的翻译工作会议、座谈会和研讨会，其中两次重要大会分别是1951年召开的第一届全国翻译工作会议和1954年召开的全国文学翻译工作会议。第一届全国翻译工作会议指出，翻译出版物要逐步消灭错误翻译，提高翻译质量，走上计划化的道路；强调翻译工作必须加强领导，当前的中心任务是提高翻译作品的质量，使翻译工作走向计划化，从管理公营出版社和机关团体的翻译机构入手，应该从制订初步的全国全年的翻译计划入手。在1954年召开的全国文学翻译工作会议上，时任文化部部长茅盾作了题为《为发展文学翻译事业和提高翻译质量而奋斗》的报告，强调翻译工作的重要性，并指出文学翻译工作必须在党和政府的领导下由主管机关和各有关方面统一拟订计划，组织力量，有方法、有步骤地进行。为此，必须有一个全国文学翻译工作者共同拟订的统一的翻译计划，根据现有的力量和可能发掘的潜在力量，有步骤地组织翻译、校订和编审出版的工作。随后，人民出版社、商务印书馆等大型出版机构拟定了《外国名著选译20年规划总目录（1956—1968）》《翻译和出版外国哲学社会科学重要著作十年规划（1963—1972）》等翻译出版计划。这些翻译出版规划的制订依据是当时流行的"补课论"，即认为在民主革命时期翻译介绍西方哲学社会科学的优秀成果的工作有所欠缺，因此在中国取得民主革命胜利以后，无产阶级需要补全这一方面；另外，为巩固马列主义思想和社会主义意识形态的领导地位，国家有计划、有组织地翻译了一大批宣传马克思列宁主义思想的出版物以及苏联的哲学读物。但受到后来政治运动的影响，文学作品翻译特别是欧美国家文学作品的翻译几乎陷入停滞状态；50年代，具有马克思主义思想的苏联和亚非拉国家的民族主义文学作品成为这一时期翻译的主流。首先，俄苏文学得到系统翻译；其次，既代表社会主义阵营又代表弱势民族的东欧人民民主国家的文学作品也受到青睐；除去反映阶级压迫和民族矛盾的古典文学和反映抵抗入侵的革命文学，绝大多数西方现代文学都遭到了拒绝。这一时期对弱势民族文学的翻译客观上丰富了翻译的对象和种类，扩大了中国人民了解世界文学的视野，客观上修正了前期以抗战文艺为中心的偏颇格局；60年代，随着中苏关系的破裂，苏联和东欧等社会主义国家的文艺作品被戴上修正主义的头衔遭到抨击。文化的政治化在这一时期达到巅峰，中国与西方文化的交流被迫中断和悬置。

由上可以看出这一时期主流意识形态对主要翻译活动的直接影响。新中国成立后约二十年间，中国的翻译事业发展情况较为复杂，有繁荣期，也有停滞期，但总的来讲，翻译和其他文化事业一样成为社会主义改造的一部分，必须适应当时中国社会的主流意识形态和权力话语的现实要求。

小　结

任何翻译活动都是发生在一定的社会文化语境中的。除去语言层面的语言差异和翻译技巧等，社会文化环境中的各种因素，比如特定文化的个性、两种文化之间的关系，特别是译语文化接受环境的诗学和赞助人等因素都会对译者采取何种翻译策略、以何种形态呈现译本产生影响。意识形态，特别是译语社会的主流意识形态，对翻译活动的影响往往是更具操控性的，不仅会影响译者的政治文化立场和具体的翻译方法，还会影响译本在译语环境的传播和接受程度。

思考题：

1. 翻译活动的文化语境包括哪些？
2. 请从中国翻译史上找出意识形态影响翻译活动的例子。
3. 请从西方翻译史上找出意识形态影响翻译活动的例子。

第七章　翻译批评

　　翻译批评，广义上指对翻译活动本身及其发生语境各因素的理性反思与科学评价，既包括对翻译的本质、过程、技巧、策略的微观评价，也包括对其社会、文化方面的影响和作用的宏观评价。狭义的，也是传统意义的翻译批评，则指对某一翻译文本或译作的具体评价。无论是针对性的具体评价，还是总体的概括评价，要保证翻译批评的科学性都要依赖并且取决于相关的理论和标准。

第一节　翻译批评的概念

《翻译学辞典》对翻译批评定义如下：

> 翻译批评是一种具有一定实践手段和理论目标的精神活动，是从一定的价值观念出发，对具体的翻译现象（包括译作和译论）进行分析和评价的理性话语实践，是审美评价和科学判断的有机统一。
>
> （方梦之，2019：131）

《中国翻译词典》对翻译批评定义如下：

> 翻译批评即参照一定的标准，对翻译过程及其译作质量及价值进行全面的评价，评价的标准因社会历史背景而异，评价的目的旨在促使译

作最大限度地忠实于原作，并具有良好的社会价值。

（林煌天，等，1997：184）

美国著名翻译研究学者詹姆斯·霍尔姆斯（James Holmes）在其1972年发表的著名论文《翻译研究的名与实》（"The Name and Nature of Translation Studies"）中，对翻译研究的范围和体系提出过初步的设想。在他看来，翻译研究（Translation Studies）应包含三大分支：（1）描写翻译研究（descriptive translation studies）；（2）理论翻译研究/翻译理论（theoretical translation studies）；（3）应用翻译研究（applied translation studies）（Holmes，1972；Venuti，2004：180）。其中，描写翻译研究分为产品导向研究（product-oriented）、过程导向研究（process-oriented）和功能导向研究（function-oriented）。翻译理论包括普遍理论（general）和局部理论（partial）。局部理论又可进一步细分为翻译媒介（medium-restricted）、翻译范围（area-restricted）、翻译等级（rank-restricted）、文本类型（text-type-restricted）、翻译时代（time-restricted）和特定问题（problem-restricted）六个子项研究。应用翻译研究则包括译员培训（translator training）、翻译辅助（translation aids）、翻译政策（translation policy）和翻译批评（translation criticism）。这篇文章被看作翻译研究这门学科建立的重要标志之一。在翻译学科最初的构建框架中，翻译批评就是其中重要的分支之一，归属于应用翻译研究。只不过，当时"翻译批评的层次往往是很低的"。但霍尔姆斯转而也指出，"毫无疑问，翻译的阐释和评价从某种程度上总会避开客观的分析，持续反映直观的、印象式的态度和批评立场。但如果翻译学者和翻译批评家之间的联系更为紧密，就能够大大减少直觉的因素，使其更能为人们所接受"（转引自谢天振，2008：216）。可见，翻译批评不同于随意的、主观的印象式评价，它是一种严肃的学术活动，具有科学性和系统性的特点，对整体的翻译实践活动和翻译理论研究都有重要的影响。

法国翻译理论家安托瓦纳·贝尔曼（Antoine Berman）认为，翻译批评的主要目的在于拓展翻译的可能性。因此，其首要任务是介入翻译实践，对翻译实践的动机、方法、质量等进行评价、检视、批评。翻译批评既是对翻译理论的实际运用，也通过实践反作用于翻译理论，对翻译理论进行检验、促进和指导。因此，翻译批评的价值体现在翻译实践层面的监督功能，如对译者的指导、对读者的引导功能，以及翻译理论的研究和建构功能上。

翻译批评是联结翻译理论和翻译实践的一个重要环节。翻译批评的对象是具体的翻译作品或翻译现象，这体现了翻译批评的实践性；同时，翻译批评的实践过程又必须以各种理论为基础；翻译批评原则、标准等重要规范的确立与各种翻译观密切相关。因此，翻译批评既是对翻译理论的实际运用，也通过实践反作用于翻译理论，对翻译理论进行检验和促进。

第二节 翻译批评的类型

文军在《中国翻译批评百年回眸——1900—2004中国翻译批评论文、论著索引·自序》中提出了选编内容的依据，即翻译批评的框架包括三大部分：一是翻译批评的原则（"信、达、雅"、等值、神似、"意美、音美、形美"等）；二是批评的方法（理论性方法、科学性方法和实验性方法）；三是批评对象（译者评论、过程评论、译作评论和影响研究）。可以看出，翻译批评的对象从广义上来讲是有关翻译活动的所有内容。因此，翻译批评类型的划分就有不同种类，各种类型的侧重点也不同。例如，按照批评的题材来划分，可分为文学翻译批评和非文学翻译批评；按照批评的主体划分，可分为译者翻译批评、专家翻译批评、读者翻译批评等；按照批评的方式来划分，可分为鉴赏性批评、研究性批评等。

一、按照批评的题材来划分

按照批评的题材来划分，翻译批评可分为文学翻译批评和非文学翻译批评。

简单来讲，文学翻译批评是对文学翻译作品的批评。文学翻译指的是文学作品（如小说、诗歌、戏剧、散文）的翻译。文学作品同其他类型的作品相比，主要区别在于其使用的不是一般的语言，而是一种艺术的、具有美学感染力的语言。文学作品的作者通过文学语言来表达自己对客观世界的理解和认识，也通过文学语言创造出具有审美价值的艺术形象和艺术意境，使读者在阅读过程中得到思想的启发、心灵的感动和道德的思考。正是由于文学作品具有文学性（literariness）和审美价值（aesthetic value），文学翻译一直是翻译研究者和实践者讨论的主流。与此相应，在翻译批评领域，文学翻译作品批评同样占据主要位置。

非文学翻译批评是指对文学翻译作品之外的其他类型翻译作品的批评，如经济、贸易、科技、法律、哲学等非文学体裁作品的翻译。

目前，非文学翻译在世界翻译活动中所占的比重已经远远超过文学翻译。据Scarpa Federica的统计，文学翻译仅占世界翻译总量的1%，即是说高达99%的翻译都是非文学翻译（李长栓，2004：21）。首先，诸多国际组织、政府和非政府组织、各类研究机构、民间跨国组织等对翻译的需求量大。这些组织大部分都有专门的部门和职业译员从事各类文本的翻译。其次，从事跨国业务的公司尤其是在其他国家设立分支机构的跨国企业有较大的翻译需求。为了在当地更好地开展业务，这些公司都会进行本地化（localization）的工作，其主要内容就是将产品或服务内容翻译成当地的文字。总之，在经济全球化和国际文化交流日益频繁的大趋势下，翻译需求将长期大量存在。

然而，虽然非文学翻译的需求量和相应的语言服务业务量巨大，但针对非文学翻译的批评却明显少于文学翻译。主要原因在于，首先，翻译研究学界都有重视文学翻译的传统。这可能是因为文学作品读者面更广，而非文学文本的阅读人群较少，且一般就是这个行业或者需要这方面信息的读者。其次，翻译批评（翻译研究）是有较强的学术性和理论性的科学研究，研究人员数量也较有限，其中多为高校教师或研究机构的学者。学者们普遍认为，文学作品的内涵丰富，翻译中涉及的语言和文化内外的因素特别多，因此文学翻译更具备科学研究的价值；而大多数从事非文学翻译的都是各个领域的专业人士或职业译员，对深入的翻译研究鲜有兴趣。

二、按照批评的主体划分

以批评主体的身份来进行划分，翻译批评可分为译者翻译批评、专家翻译批评和读者翻译批评。

其中，译者翻译批评又可分为译者自评和译者他评两种方式。译者自评是指译者对自己翻译的作品进行评论。在中西翻译史上，有很多著名的翻译家都对自己的翻译作品进行过评价。这种评价一定程度上有翻译经验自我总结的性质，也有翻译家在总结中对原著内容进行简要介绍，因此也有导读的性质。如严复的《〈天演论〉译例言》《〈原富〉译事例言》、林纾的《〈巴黎茶花女遗事〉引》《〈黑奴吁天录〉例言》、苏曼殊的《〈拜轮诗选〉自序》、鲁迅的《〈域外小说集〉序言》、郭沫若的《〈雪莱诗选〉小序》、朱生豪的《〈莎士比亚戏剧全集〉译者自序》。这些通常以译作的"译者自序""译者跋"等形式出现的"翻译批评"，成为读者了解诸如有关译者翻译动机、翻译过程、翻译原则等多方面信息的来源，后来也成为译家和译作研究重要的第一手资料。译者他评是指翻译工作者对他人翻译作品或翻译活动进行的评论，通常以评论文章的形式呈现。如贺麟的《严复的翻译》、钱钟书的《林纾的翻译》、罗新璋的《读傅雷译品随感》。

专家翻译批评是以专家（专业研究者）为主体的翻译批评，是最主要的翻译批评类型，也是目前数量最多的一类翻译批评。这里所说的"专家"是指其学术兴趣或学术研究领域主要为翻译研究的学者，这些学者本身也可能从事翻译实践，但他们对翻译问题的阐释与纯翻译家不尽相同。就翻译批评而论，单纯的翻译实践者在做翻译批评时，重点往往放在翻译的语言和技术层面，如译笔是否流畅、原文的风格是否得到了充分传达等；而翻译学者或翻译理论家的视角不同，他们更多是站在理论的高度，对翻译中的问题及其产生的原因进行较为系统的探讨和解释。

读者翻译批评中的读者（对他人作品进行评价的翻译家和专家学者也属于读者的范畴，但这里所说的读者是指除他们之外的普通读者），可以是一般的文学爱好者，也可以是从事某一领域的工作因而对该领域的翻译有较大兴趣的读者。读者批评在翻译批评领域不是主流，其主要原因是绝大多数读者阅读的目的仅仅是消遣或获取某一领域的知识，对发表评论或深入研究并不感兴趣；其次，既然是翻译评论，大多数情况下都牵涉原语和译入语两种语言，而大多数读者可能对原语语言并不精通，对原语文化并不熟悉，因此无法进行深入和全面的评论。即便如此，读者批评在翻译批评中也占有一席之地。因为，就其本质而言，翻译就是为了供目标读者阅读，而不是为了专家学者或同行的评论。因此，读者的反应和意见既对翻译家的翻译实践有重要的参考价值，也可以成为学者从事理论研究的信息资料。近年来，我国翻译理论界不少学者在其理论研究过程中，都将读者调查和数据信息作为其理论观点的基础。这些调查结果对拓宽研究者的研究思路、创新其研究手段、深化其对翻译的认识功不可没。因此，读者批评同样是翻译批评不可或缺的组成部分。

三、按照批评的方式来划分

按照批评的方式，翻译批评又可分为鉴赏性批评和研究性批评。鉴赏性批评和研究性批评都是对同一个翻译批评对象进行的不同方式的批评。

鉴赏性批评是将翻译作品当作一件具有审美价值的艺术作品对其质量和风格进行品鉴和评价。这种批评主要基于评论者自身的翻译实践和艺术审美能力，所使用的语言多是印象式和点评式的，带有较为浓厚的主观色彩。我国传统译论中有些读后感式的评价性文章就属于这一类型。

研究性批评是指从理论的角度，以科学研究为主要目的，对译作中某一方面或某几方面的问题作系统性的讨论。一般而言，这通常是专家或学者型的批评者才能胜任的。因为专家批评者一般都有一套系统的理论术语来阐述自己的论点，论述也带有一定的抽象性。就论述内容而言，研究性批评可以有两种方向或路径。一种是以某部翻译作品为研究对象，从具体的翻译活动中总结出带有规律性的东西，并演绎成系统的理论观点；另一种则与此相反，是论述者为阐述某一理论观点而引用特定的翻译作品，后者是为前者服务的。

但必须指出的是，事实上，有些研究性批评里有鉴赏的成分，有些鉴赏性批评同样具有很高的理论价值。两者有时交错出现在同一个翻译批评中。

第三节　翻译批评的标准

翻译批评既然是由人来做的，就不可避免地带有一定的主观色彩，即批评者个人的审美趋向和价值趋向。然而，作为科学研究的翻译批评应尽量做到客观公正，这就依赖于一定的标准。

翻译批评的标准和翻译标准有部分相同，特别是针对翻译作品的批评这一部分。比如，翻译标准中的"信、达、雅""神似""化境"等同样也是翻译批评的标准。通俗一点说，对于译作的翻译批评主要就是评判其是否忠实于原作，译文是否流畅，译作是否再现了原作的艺术手法、风格等。

但翻译标准和翻译批评的标准又不尽相同。一般来讲，翻译标准是仅针对译作而言的，制订者往往就是译者。翻译标准往往是译者在翻译之前为理想译作设立的宏观设想，并应用于翻译实践。传统上，翻译标准的设定主要是从内容和形式两个方面来进行的：内容上是忠实于原作的内容和精神，还是根据译语读者和接受语境的变化有所调整；形式上是保留原文语言的特点、以"异"的语言让读者获得原汁原味的感受，还是创造性地利用译语优势达到自然流畅。

在当代翻译研究中，翻译标准已经多元化了，非此即彼的优劣标准逐渐被多维度的审视视角替代。翻译标准也超出了仅对翻译方法进行标准设定的范围，扩展到更宽广的有关翻译目的和功能的方方面面。比如，我们常说的异化和归化，除了和如何处理原文中异质文化内容的翻译方法相关，还和文化策略和立场的显现相关，也和译作所指向的阅读群体及语境的接受与传播相关。

与翻译标准相比，翻译批评标准的范围似乎更广。翻译批评的主流即主要由专家学者从事的研究性批评，往往有较为成熟的理论作为翻译批评的依据，这也是翻译批评标准不同于翻译标准的地方。

当然，翻译批评的标准应视不同的批评对象、目的等因素，由批评者自己来预先设定。比如针对同样一部译作，批评者既可以全面考察其文本，也可以考察译作的某些语言要素、艺术风格和审美价值、译作产生和接受的社会文化背景，甚至译作传播的效果和影响。但不管依据什么标准，批评者都应该努力做到以下三点：（1）客观，即在批评过程中尽量避免带有个人感情色彩和主观好恶的评论；（2）一致，即批评依据的标准应贯穿批评活动始终，不应在评论过程中出现偏离或前后矛盾的情况；（3）全面，即批评者应尽可能从多个角度，运用多种研究方法对批评对象进行考察，尽量避免以偏概全。

杨晓荣在《翻译批评导论》中区分了翻译标准和翻译批评的标准。他认为二者不完全一样的原因至少有以下两点：一是译者本身也在批评者的范围之内。译者的翻译标准是精益求精的，而批评者的标准既有对译者的要求，也包括对译者的理解。二是译作产生之时的翻译标准和翻译批评时的观察标准有时空的差异，二者不可能完全一致。他提出，翻译批评的新视角应当是"多维度、综合性、描写与规范相结合"（杨晓荣，2017：83）。

刘云虹在《翻译批评研究》中提出："就普遍意义而言，翻译的标准就是批评的典律，翻译标准不仅是翻译主体在翻译实践中遵循的原则和努力的方向，也是批评主体用以鉴赏、阐释和评论译作的尺度……"（刘云虹，2015：173）她认为，翻译的规范会随着时代和目的的不同发生变化，要充分考虑翻译观念、翻译价值、时代感、社会性等多种要素对翻译规范或标准的影响。她将多元化语境中的翻译标准，也就是翻译批评的标准归纳为以下四点：第一，合理性，即要体现一定的翻译观和翻译价值，要理性和辩证地看待翻译标准和翻译理想的关系，关注翻译批评的科学性和可操作性；第二，互补性，即多元化的特征和趋势，各种标准之间相辅相成；第三，历史性，即从特定的历史环境出发，充分关注不同的历史文化因素，对翻译活动的考察和翻译作品的文本评价都要与特定的时代背景和历史因素相关联；第四，发展性，即翻译批评的标准应随着人们对翻译活动的认识、对翻译价值的理解、对翻译功用的理解的变化而发展（刘云虹，2015：185-187）。

小　结

翻译批评区别于我们常说的译作评论或赏析。虽然通常所说的翻译批评也针对具体的译作，但它却是一种更加理性的具体评论。一般来讲，它是批评者根据一定的翻译标准或从特定的理论视角出发，对译作的整体或部分特点进行有理有据的评价。也就是说，翻译批评是批评者主动用理论知识对译作中的语言内外各因素进行客观和科学的分析，是对翻译实践活动结果的理性评价。科学客观的翻译批评是翻译研究和翻译实践的有效结合，一方面可以促进翻译实践的质量提高，另一方面可以反过来体现翻译研究的应用价值。

思考题：

1. 广义和狭义的翻译批评概念有何不同？
2. 翻译批评的主要类型各有什么特点？
3. 翻译的标准和翻译批评的标准有何相同和不同之处？

第八章　翻译的研究方法

任何学科都必然具有一套能够充分体现学科性质和特点、建立在成熟的学科理论基础上、具有一定可操作性的系统的研究方法。可以说，一门学科是否具有较强科学性和实践性的研究方法，是衡量其是否独立于其他学科的标准之一，也是该学科健康发展的重要因素。

第一节　翻译研究的学科性质

在当代的译学研究中，许多学者在论及翻译研究或者翻译学的定义时，都不约而同地从区分"翻译"和"翻译研究/翻译学"这两个概念开始，并且认为正是这两个概念的严重混淆才造成了诸如翻译是科学还是艺术、翻译无理论或翻译理论无用的争论。

如今，随着翻译研究领域的扩展和不断深入，以及翻译研究在最近四十年取得的丰硕成果，不管是翻译研究者还是翻译实践者，都越来越清楚地认识到两者是两个截然不同的概念。作为实践活动的"翻译"是一种跨文化的语际信息传递，以人类两千多年来的翻译活动积累，具有明显的实践和经验的性质。从这个意义上来讲，翻译是一种技术或艺术（主要指创造性的文学翻译），是可以通过训练习得的；而"翻译研究/翻译学"是一门学科或学术研究领域，经过传统译学思想的沉淀和启发、现代译学各派理论的碰撞和融合而产生和发展，经历了理论意识和学科意识从无到有、研究视角和方法从单一到多元的发展过程。当然，人类久远的翻译历史为我们提供了前人丰富的翻译实践经验和译学思想，翻译研究/翻译学这门学科正是建构在这样一个基础之上，两者相依共生、不可分割。区分好这两个概念，翻译研究/翻译学的学科性质就能得到更加明确的阐述："翻译学是研究翻译的科学，是一门介于语言学、文艺学、社会学（包括国情学、文化学等）、心理学、信息学、计算机科学等学科之间的综合性科学，或称多边缘交叉性科学。"（谭载喜，2005：18）

当今，对翻译研究的学科定位基本上统一于"翻译学是一门相对独立的综合性学科"中，"相对独立"和"综合性"就体现了翻译研究的本质特征。这一点可以从以下西方现当代译论工具书和专著关于翻译研究/翻译学的定义中得到印证：

The field of study devoted to describing, analyzing and theorizing the processes, contexts and products of the act of translation as well as the (roles of the) agents involved.

（Williams, Chesterman, 2004：1）

The new academic discipline related to the study of the theory and phenomena of translation. By its nature it is multilingual and also interdisciplinary, encompassing languages, linguistics, communication studies, philosophy and a range of types of cultural studies.

（Munday, 2001：1）

Translation studies should be viewed as an independent discipline... which would include both literary and special language translation. In other words, it is essentially a study in the theory and practice of translation... as a culturally oriented subject, it draws on a number of disciplines, including psychology, ethnology and philosophy, without being a subdivision of any of them.

（Snell-Hornby, 2001：2）

"Translation studies" is now understood to refer to the academic discipline concerned with the study of translation at large, including

literary and non-literary translation, various forms of oral interpreting...
also understood to cover the whole spectrum of research and pedagogical
activities, from developing theoretical frameworks to conducting individual
case studies to engaging in practical matters such as training translators and
developing criteria for translation assessment.

(Baker, 1998: 277)

所谓相对独立性,是指翻译学有自己特定的研究对象,即翻译过程以及这个过程中出现的一切问题。翻译(主要指语际翻译)研究当然与语言学相关,但它涉及两种语言的对比、转换,以及这一过程中的思维层面,所以它不能完全隶属于语言学;另外,虽然从20世纪后期开始,国内外翻译研究开始出现"文化转向",但是其研究中心始终是翻译活动本身,其所包含的文化成分也绝大多数以文本的形态呈现于翻译过程中,所以它也不能完全隶属于文化研究;再者,以往也有人将翻译研究归为比较文学研究之下的一个分支,但现在随着翻译领域和研究视角的多元化,这样的划分显然也不准确。

所谓综合性,是指从学科学的角度来看,翻译学属于综合学科,即要研究跨文化、跨语际的信息传播和交流的规律性与原理这一特定的客体对象,必须综合相关学科的学科理论、原则和方法,如语言学、文艺学、文化学、思维学、心理学、人类学、符号学等(吕俊,侯向群,2006: 24)。

以往的翻译研究(包括西方现当代译论)都是从某一个学科角度来阐释翻译的本质和特点,得出相对自足和封闭的研究结论,在一定时期或某一翻译领域内具有解释力。但随着理论的发展和更新,单学科的理论基础的缺陷就显露出来,无法对翻译过程中不断出现的新现象和新问题做出合理的解释。所以,需要对研究对象进行宏观的整体性把握,对相关学科的知识进行整合,使之动态地、互补地服务于翻译的各个层次。这样的综合性特征也决定了翻译学的学科独立性只可能是相对的,而不是绝对的。

第二节 翻译研究的主要方法

翻译研究的方法是适用于翻译学的研究对象，或者说是服务于翻译学的研究任务的，即客观、科学、系统地对翻译的性质、过程、方法等方面进行描写和理论升华。谭载喜将翻译研究的基本途径划分为五种，即文艺学途径、语言学途径、交际学途径、社会符号学途径和翻译学途径（谭载喜，2005：40）。其中翻译学途径具有综合性、描写性、开放性、灵活性等特点，着眼于进行多层面的对比、提出多层次的标准和建立多功能的模式。但由于这一观念的提出和阐述是在20世纪80年代末，与奈达合著发表于1987年《外语教学与研究》，后来收入谭载喜2000年的专著《翻译学》，所以，从当今文化全球化的角度来看，就显得比较模糊和笼统，不能涵盖跨文化视野的翻译研究特征，如后殖民主义、女性主义、文化研究等研究途径。吕俊、侯向群在其《翻译学——一个建构主义的视角》中，提出了翻译学的一个理论框架。他们以关于翻译学的学科学思考和对我国已有的几种翻译研究范式（包括语文学范式、结构主义范式和解构主义范式）的反思和批评为前提，提出建构主义翻译学的知识基础包括其哲学基础（即实践哲学）、认识论基础（即以交往关系为核心的广义认识论）、理性基础（即哈贝马斯的交往理性）、真理观（即共识性真理观）和语言学基础（即言语行为理论）。他们认为："建构的翻译学有着不同于以往翻译研究范式的特点。这些特点主要表现在它的开放性、实践性、社会性和'主干清晰、多元丰富'的研究模式等方面。"（吕俊，侯向群，2006：9）从这个对翻译学本质特征的界定可以看出，翻译学的研究方法论正在逐步清晰化、理论化、系统化，为不断深入的翻译研究提供科学的指导，并在不断拓展的翻译实践领域得到检验和修正。

不管是在中国还是西方，传统的译学研究或者翻译思想都与长达两千多年的翻译实践密不可分。其涉及的领域十分广泛，但绝大多数译论的理论意识都十分淡薄或者说是"理论无意识"，所以整个传统译论时期的成果显得较为零散，缺乏整体的构架、延续和传承。第二次世界大战以后，西方各国率先步入了以科学和民主为时代特征的蓬勃发展时期。在人文科学领域，各种现代学理竞相出现，形成许多现代学科领域。正是在这样的时代和学术背景下，翻译研究借助语言学的发展，运用语言学中现有的、规范的术语和概念来阐述翻译实践中出现的语言现象，即结构主义的研究范式。1972年詹姆斯·霍尔姆斯在第三届国际应用语言学会议上发表论文《翻译研究的名与实》，首次提出以"Translation Studies"为学科名称，并首次划出了翻译学的研究范围。这篇论文被普遍视为翻译学学科的创建宣言。在中国，20世纪80年代西方现当代译论的大规模引进，增强了中国翻译研究的整体学科意识，翻译实践活动不断拓展，当代翻译研究初具规模。

一、研究领域与课题

如上文所说，霍尔姆斯在这篇论文中首次划出了翻译学的研究范围，即描写分支、理论分支和应用分支，并将主要研究领域分属其下（Holmes，1972；Venuti，2004：180）。

刘宓庆持系统论的观点，认为作为开放型、综合性学科的翻译学架构可分为内部系统（internal scheme）和外部系统（external scheme）。内部系统的核心是翻译理论，外部系统即翻译学的横断科学网络有哲学思维、社会文化和语言符号三大领域。

安德鲁·切斯特曼（Andrew Chesterman）在谈到翻译学的研究方法时也提到了翻译研究的12个领域：文本分析和翻译（text analysis）、翻译质量的评估（translation quality assessment）、文本类型翻译（genre translation）、多媒体翻译（multimedia translation）、翻译与技术（translation and technology）、翻译史（translation history）、翻译伦理（translation ethics）、术语和专门词汇（terminology and glossaries）、口译（interpreting）、翻译过程（the translation process）、译员培训（translator training）和翻译职业（the translation profession）（Williams，Chesterman，2004：6-27）。

以上对翻译研究领域的划分主要是从学科建立的角度来进行的，而对于翻译研究者个人来讲，翻译研究的划分领域更细，主要包括如下内容：

翻译理论。翻译理论是翻译研究的核心部分，也是建立翻译学的中心任务。翻译理论包括描述翻译本质、特征和规律的纯理论和涉及翻译标准、翻译教学、翻译批评、译员培训和机器翻译的应用理论等。随着各种翻译理论的产生与发展，翻译理论也逐步成为研究对象，在翻译研究领域出现了许多专门从事理论研究的研究者。他们对西方先进译论成果的译介和研究在很大程度上促成并加速了中国当代翻译研究的科学化、体系化和理论化。

翻译史。翻译史是记述人类社会的翻译活动以及人们认识翻译的历史。公元前3世纪，古罗马人大规模翻译希腊典籍，模仿和继承希腊文化；在中国，翻译的历史最早可以追溯到先秦时期的诗歌翻译，至汉唐佛经翻译形成的第一次翻译高潮。中西方译学思想在各自的翻译实践史中逐渐发展起来，所以翻译理论史以其特殊的发展形态和规律成为翻译史研究的一个层面。

翻译作品。翻译作品一直是翻译研究者的主要关注点。从翻译作品的类型来划分，翻译研究一般分为文学翻译研究、非文学翻译研究和学术翻译研究（包括学术著作和译学词典）。文学翻译研究在翻译研究中占很大比例，研究视野也从传统的原作和译作的文本对比研究，扩展到对文本外因素的研究，比如影响译作产生的社会文化、意识形态，译作对译语文化的作用等。在经济全球化的时代背景下，翻译研究中的文化研究视角正在和逐步全面的文本分析视角相结合，成为翻译研究的新兴研究模式。另外，典籍翻译研究（包括中国典籍英译和西方典籍汉译）及其跨文化意义也成为研究热点。

翻译家和翻译理论家研究。翻译家和翻译理论家研究也呈现多层次的特征，研究范围不仅包括他们的翻译事业和学术生平、译学思想和理论建树、翻译策略和成就、历史地位和影响，还包括中外翻译家和翻译理论家的比较研究等。

口译研究。口译研究的内容包括口译理论、口译策略与技巧（交替传译和同声传译）、口译教学与培训等。对口译过程的研究主要有描写性和解释性两种模式。描写性模式着重口译过程各操作环节、各处理阶段以及思维因循路线的描写；解释性模式注重口译过程中译员注意力的分配及其导致的结果，分析译员如何以相关的知识对翻译主题进行预测、推理。口译研究是具有很强实践性的研究领域，通常以实践和培训实例为研究对象进行实证研究（方梦之，2004：142）。

机器翻译研究。机器翻译作为应用语言学中一门新兴的实验性学科，可利用计算机按一定的程序自动处理自然语言之间的翻译问题。机器翻译研究是建立在语言学、数学和计算机科学基础之上的，内容包括历史与发展、基础理论、应用研究、机助翻译、语料库研究等（方梦之，2004：335）。

翻译批评。翻译批评以一定翻译标准为准绳，以科学的方法对译本或译论的艺术价值或科学价值进行判断，对其不足之处进行理论上的鉴别，特别要检视翻译实践的跨文化交际效果，从中探索译者的审美境界、科学视野和艺术技巧，以提高译者和读者的鉴别能力，同时对促进文化事业和翻译事业的健康发展起到积极作用（方梦之，2004：346）。翻译批评包括翻译标准和基本方法、译文评估和批评实践等。

翻译教学研究。翻译教学包括大纲制订、课程设置、教材编写、教学方法、测试与评估等，这些内容既是培养翻译人才的有效形式，也是翻译理论和翻译实践的结合成果，体现了社会的需求和对翻译理论的具体化验证。翻译教学研究指对教学目标、过程、教材，以及对教学法、教学测试和质量评估等方面的研究。

翻译出版研究。翻译出版研究的对象包括原则和实践、出版史，以及翻译出版对翻译事业和翻译研究的促进作用等。学科建设包括普遍意义的翻译学构建、当代中国译学建设等。

翻译的跨学科研究。跨学科研究是由翻译学作为一门相对独立的综合性学科的本质特征决定的，它涉及语言学、文学、文化理论与批评、文化研究、心理学、美学、哲学、社会学，甚至计算机科学等。翻译学的跨学科研究视角是当代翻译研究最重要的特点，也是翻译学科繁荣发展的重要途径。

在任何学科内部的不同领域都有不计其数的课题亟待研究，其研究领域和课题随着学科的日渐发展和成熟而不断拓展和增多，对翻译研究这门新兴的综合性学科来说尤其如此。

二、研究模式与类型

任何研究都会明显地或不明显地运用一种特定的理论模式。理论模式通过较为抽象的方式来呈现它的研究对象，具有理想化和简单化的特点。翻译或翻译过程研究也不例外（Williams, Chesterman, 2004：48）。

模式是一种介于理论和数据之间的中介结构（intermediate construction），兼具理论和方法论的意义（Chesterman, 2000：15）。

在当代翻译研究中，切斯特曼是系统讨论翻译研究的模式和类型的学者之一。他在2000年撰写的论文"A Causal Model for Translation Studies"讨论了翻译研究历史上三种基本研究模式：比较研究模式、过程研究模式和因果研究模式[①]。每一种研究模式都有相关理论和方法。通过对这三种模式的分析和比较,他认为因果模式使用范围最广,研究成果最丰富(Williams,Chesterman,2004:16)。

比较研究模式是最早的翻译理论研究模式。它关注静态的作品,试图在原文和译文之间寻求某种对等关系或相似性。这种研究模式引发了翻译研究中语言学的对比研究方法。该研究方法强调翻译的首要问题是一致,也就是说选择一个在一定语境下与原语特定元素最为一致的译语元素。很显然,这种方法与对比语言学密切相关,只不过传统的比较研究模式关注的是语言系统而不是作为言语的现实文本,而现在比较研究模式用于比较译语文本(translated text)与未译文本(non-translated text)或平行文本(parallel text)的语料库研究,用以寻找它们之间相似的语言特征。

过程研究模式关注动态的翻译过程,简单来讲,它呈现翻译过程中不同时间段状态的变化。研究者对翻译过程的描述有所不同,有的关注译者在交际中的双重行为:Sender 1→Message 1→Reader 1/Sender 2→ Message 2→Reader 2;有的关注翻译任务的主要层面:Specification(client's instructions)→Preparation→Translation→Evaluation;有的关注译者的思维过程:Input→Black Box→Output。由于过程研究模式关注翻译过程不同阶段的前后联系,所以过程研究模式可用于描述某种特定翻译行为,比如时间的微观使用、不同翻译任务的时间分配、译者的策略选择等。

然而切斯特曼认为,以上两种研究模式都无法解释译文之所以呈现为某种形态,或是译文产生了什么效果。而因果研究模式恰好补充了这个重要的内容。翻译研究的因果模式可以描述为:Causes>>Translation(s)>>Effects。从这个描述中可以看到,翻译或译文既是多种原因的结果,也是多种结果的原因。在翻译研究中,要确定和量化因果关系是比较困难的,比如社会压力、文学影响。切斯特曼把与翻译相关的因果关系分为三个层次:一是译者的认知,包括他的知识水平、情绪状况、对翻译任务的态度、作为译者的自我定位、个性以及生活经历等;二

[①] 该论文内容2002年收入其与詹妮·威廉姆斯(Jenny Williams)合著的关于翻译研究基本方法的专著《路线图——翻译研究方法入门》(*The Map: A Beginner's Guide to Doing Research in Translation Studies*)。

是翻译任务的外部条件,包括原文文本、客户要求、译者的电子工具及辞书、翻译任务的最后期限等;三是社会文化,包括规范、翻译传统、历史、意识形态、总体经济目标、所涉及语言的地位等。

一方面,这些因素会影响选择怎样的文本进行翻译、怎样选择译者,或是译者使用怎样的翻译策略等。另一方面,翻译也会产生许多结果或影响:首先,它可能会影响读者的认知或情绪状况;其次,可能会影响读者的行为;最后,它还有可能在社会文化层面产生影响,比如译入语言的发展方向、译入语社会的发展、宗教的传播、人们对翻译和译者的看法、文化关系等(Williams, Chesterman, 2004:53-55)。

当然,翻译研究中的因果关系是相互的,其关系非常复杂,在这个基本的研究模式中有许多各有侧重的变化形态。选择何种翻译研究模式取决于所选择的课题以及占有的文献资料。在这种模式中选取最恰当的变化形态,使其适用于特定的研究目的十分关键。研究模式是研究工作的前理论准备,它将研究活动置于理论的高度来进行系统、科学的分析和归纳,具有总体性的架构作用。在此之下,研究者才能进一步考虑其研究课题属于哪种研究类型,哪种研究方法适用。

一般来讲,翻译研究的类型大致分为以下六对二元对立的模式,每一对类型各具特点,常在同一课题研究中被互补性使用。

(1)观念与实证(Conceptual/Theoretical & Empirical)。在翻译研究中,观念研究类型是指运用一种已有的翻译理论或理论体系对研究对象进行说明或重释,以理论假设为前提,以主观思辨和推理为手段,通过理性分析和阐释,得出新的理论观点或结论;而翻译研究中的实证特征从一开始就有,对翻译问题的各种认识最早源于对翻译具体现象的分析和总结。

(2)历时与共时(Diachronic & Synchronic)。在翻译研究中,共时研究涉及某一时期翻译过程各方面的状态,历时研究涉及翻译过程某一方面的发展变化。

(3)规约与描写(Prescriptive & Descriptive)。规范性翻译理论的根源在于把翻译看作一种纯粹的语言艺术,用一些超越时间的语言规则来加以考察;而描写性翻译研究在研究翻译作品、过程和功能时,是将其置于现实的政治、文化、经济、意识形态等条件下去研究的(转引自林克难,2001:43)。当代的翻译研究正由结构主义语言学的规约研究转向多元化的外部描写研究。即便是文本研究，也从传统的翻译标准的规约逐步转向描写和研究多个译本或导致不同翻译策略的各种因素。

（4）定性与定量（Qualitative & Quantitative）。实际上，许多研究都会同时使用这两种研究类型，首先是提出概念和定义范畴，这属于定性阶段；然后，在分析阶段会选取典型或使用数据用于比较和分析，这属于定量阶段；最后得出的结论可能是针对研究对象本质和规律的具有创新性的观点。在当代翻译研究中，随着计算机和互联网技术的发展，信息的采集、提取和分析越来越高效，语料库、大数据等平台内容的定量分析，成为研究者做定性分析和结论的重要依据。

（5）微观与宏观（Micro & Macro-level）。在翻译研究中，微观研究被喻为显微镜式的研究方法，详细研究译作语言在音素、词、句、语篇等各个层次的特点；宏观研究被喻为望远镜式的研究方法，透视译作产生和接受的整个文化背景。这两种研究类型为翻译研究提供了关注文本分析和关注文化语境的互补视角。

（6）分析和综合（Analytic & Synthetic）。比如，在翻译研究中，对原作和译作的各个层面进行文本分析，得出两者的相似性和差异性等细节事实和数据；在此基础上，综合这些事实和数据的特点，可以推论出整体性的结论，比如是什么原因造成了这些差异，这些差异会对译语文化产生何种影响等。

三、研究程序与方法

根据《路线图——翻译研究方法入门》，翻译学研究程序大体如下：提出问题（Asking Questions）→形成观点（Making a Claim）→提出四种假设（Four Kinds of Hypotheses）→验证假设（Hypothesis Testing）。在这个程序中，第一步是提出问题，这些问题最初可能是模糊、笼统的，随着研究目的逐步明确、文献搜集的充分，问题的焦点会越来越集中。这些问题有多种类型，可能是有关定义或意义、基本数据、因果关系的，或是描述性的。第二步是通过证据和逻辑推理形成初步的观点，这个观点会引出最基本的研究问题，也是研究的核心价值所在。第三步是提出理论假设。任何严谨的学科都是通过假设来推进的：首先发现和提出假设，然后是验证，最后进行修订。假设一般分以下四类：说明性假设（interpretive）、描写性假设（descriptive）、解释性假设（explanatory）和预测性假设（predictive）。第四步是假设验证，证明研究课题的合理性和可操作性。验证假设的方法很多，可以通过逻辑推理，或借鉴其他相关已证实的假设，或通过原始证据、个案研究等（Williams，Chesterman，2004：69-82）。

随着翻译学向纵深发展，对翻译本质和特征的认识不断深化，研究方法的运用也愈加科学和系统。虽然至今未形成完整的和操作性很强的翻译研究方法论，但各种方法都以其独特的方式对翻译现象进行多方位考察，形成对翻译活动的全面认识。从当代翻译研究的历史来看，研究方法可以大致分为以下两大类（姜秋霞、杨平，2004：10-14；2005：23-27）。

第一，理论方法（conceptual/theoretical approach），指运用已有的理论观点或理论体系对研究对象进行说明和解释的方法，研究过程以理论假设为前提，以主观思辨为手段，通过理性的阐释与分析，产生或形成新的理论观点或体系。主要有以下两种。（1）语言学理论方法：始于20世纪五六十年代，其特点是运用语言学的各种理论模式、理论系统研究翻译的语言文本形式和内容，将翻译活动看作是从文本到文本的封闭过程，视文本为语言结构自足体，寻求语言结构系统内部、文本内部词语、句子等文字层面的对等转换，探讨文本的各种交际层次，并制定相应的规则用以指导翻译实践。如雅各布森首先借用索绪尔普通语言学"能指"和"所指"理论概念对翻译文本的语言形式和内容进行区别性研究，初步形成了建立在语义层面的等值概念。（2）多元理论方法：始于20世纪七八十年代各种非语言学理论流派。其特点是将翻译现象纳入更广泛的领域，运用多种学科理论，从各个角度和层面对翻译进行理论研究，形成多元化的译学理论思想。如研究影响和制约翻译过程外部社会文化因素的多元系统论、研究转换过程的信息论、研究译者主动性和主体性的解构主义理论、研究文本语言的文学批评理论以及后殖民主义和女性主义等政治性理论等。

第二，实证方法（empirical approach），指以客观事实、实际数据来论证某种观点、描述某种规律。翻译研究中的实证特征从一开始就有，对翻译问题的认识最早源于对翻译具体现象和实例的分析。实证方法包括以下两种。（1）描述性研究：以客观描述为基础，对翻译现象和翻译行为进行自然的观察与分析，所描述的现象和行为必须是在自然状态下产生的，研究者不操纵研究背景，事先不带任何预设。已有的描述性研究的主要形态包括归纳分析（主要以文本分析和调查分析为研究手段，总结出相应的总体特征）、个案研究（主要用于研究特定文本、译者个体及民族文化类型，如译者的语言风格、翻译策略、思想意识等）、动态描述（主要用于对翻译心理转换过程的研究）等。（2）实验性研究：源于自然科学研究，20世纪初开始应用于社会科学研究，在翻译研究中的应用才刚刚起步。实验性研究指在受控条件下，通过对变量（实验者能够随意处理某一现象的某一特点）的操作和重复，通过观察、测量和分析，研究变量对该现象的影响，进而深入洞察翻译个体行为与各种内部、外部制约因素的相互作用与依存关系。

第三节　翻译研究方法论的意义

学术研究要有价值就必须在前人研究成果的基础上有所创新，为本学科或是社会的知识积累做出贡献。当然任何成功的研究都是本学科研究发展过程的组成部分。

我国的当代翻译研究始于20世纪80年代西方现当代译论大规模引进之时。语言学或结构主义的翻译研究范式给中国翻译研究带来科学、系统、客观的研究方法，使中国翻译研究的整体学科意识增强。但在研究方法的探索和运用上，却显得较为零散。随着翻译学科的逐步建立，翻译研究的方法论成为翻译界近年来关注的热点之一。其大背景固然是蓬勃发展的国内外翻译研究，更直接的原因则是翻译研究本身所具有的跨学科性质。

科学的研究方法论是翻译学科科学性的体现。任何一门学科，除了有自己特定的研究对象之外，还必须具有一套能够充分体现学科性质和特点、建立在成熟的学科理论基础上、具有一定可操作性的系统的研究方法论。研究方法的科学性和系统性是学科科学性的基本保障之一。诞生于20世纪70年代的翻译学或翻译研究，无论在中国还是西方，都是先借助其他传统学科的研究方法论，如哲学基础、概念、范畴、推演方式、实证模式等，才步入科学的研究阶段的。

20世纪80年代中期以前，传统译论的语文学研究模式和理论形态仍然是中国译坛的主流，西方译论的引进在这一时期与中国翻译研究自身的开展关系不甚紧密；80年代中期是中国翻译研究的转型期，其转型的方向便是建立以西方现代语言学和西方现代语言学译论为基础的语言学模式，又称结构主义语言学范式。这一时期西方译论的引进逐渐与中国翻译研究结合，其研究方法和观点开始影响中国翻译研究，使得语文学研究模式的主流受到怀疑甚至否定。从这一时期开始，中国翻译研究进入了现代译论建设期，语言学翻译研究模式逐渐成熟，产生了相关成果。

20世纪90年代，中国对西方译论的引进和学习进一步深化，各种西方现代语言学理论融入了中国的翻译研究中，如语义学、语用学、文体学、篇章语言学等。中国的翻译研究者对翻译转换的规律、翻译过程、翻译中的思维和逻辑、翻译单位等问题的研究，基本上是围绕着语言和文本来进行的。这种语言学翻译研究模式重视对客体的分析，以语言分析为基本方法，对语际间语符转换规律进行研究，以寻找意义的对等为目的。由于结构主义语言学只注重语言内部规律，缺少对语言系统外部的关注，其自身的缺陷越发明显。因此，在这一时期，中国研究者从80年代对西方译论的一味欢迎和崇拜，转而开始批判和理性思考。

到了20世纪末21世纪初，受解构主义思潮的影响，文艺学模式、哲学模式和文化研究模式发展起来，这些研究模式和语言学模式共同形成了中国翻译研究的多元化局面。中国翻译研究者充分意识到翻译研究跨学科的基本性质，一方面直接从现代语言学、哲学和文艺理论中汲取养分，另一方面继续引进不断更新的西方译论，如解构主义、多元系统论、女性主义、后殖民主义译论等，以描述和解释语言学结构主义模式不能解释的翻译现象和问题。

蓝红军在其专著《译学方法论研究》中预估了翻译研究方法论的未来发展。他认为："翻译研究中并没有适应所有研究对象的万全之法。但结合整个时代背景和翻译学自身的特色而言，译学方法论呈现出信息化程度不断加深、实证研究趋势依然在增强的发展趋势。"（蓝红军，2019：170）信息化促进了翻译研究的对象从传统的纸质材料发展到各类软件、网站、多媒体等数字化产品，催生了前所未有的翻译现象，如多语种、全天候的共时翻译、云翻译、众包翻译等。翻译管理信息化程度增加，还促使翻译标准向多元化动态发展，翻译研究方法也在文献资料、资源及研究数据的获取和管理方法上呈现信息化，计算语言学和语料库等手段已成为常用的研究方法，并进一步丰富了传统的社会学调研方法，翻译研究的跨地域协作和跨学科合作得到进一步促进（蓝红军，2019：171-179）；90年代以来的实证研究以翻译现象为基础，通过归纳现象得到科学定律。统计学、心理语言学、语料库语言学、社会学研究方法在翻译学中的应用，都使得翻译研究的实证化既有方法论的哲学基础，又有研究对象变化的推动、相关学科研究发展的影响，以及具体实施可行的手段（蓝红军，2019：179-184）。

翻译研究的多元化发展要求以更加科学、系统、操作性强的研究方法论为指导。只有研究方法的科学性才能保证研究程序的合理，只有研究方法的系统性才能保证理论和实证之间具有逻辑性和成果的说服力，研究方法具有可操作性才能促进翻译理论的更新和繁荣。翻译研究的方法论研究是翻译学科建设中必不可少的组成部分，是推动翻译研究，特别是中国翻译研究发展的重要途径之一。

小　结

作为一门相对独立的综合性学科和研究领域，当代翻译研究有一套独特的研究方法，不仅包括文艺学、语言学、交际学等传统研究方法，还包括和其他当代语言、文学、文化等研究领域相结合的跨学科研究方法。由于研究对象涉及不同语言和文化之间的转换，翻译研究呈现出更加复杂、多元化的特点。融合创新和丰富多元的研究方法是中国当代翻译研究日益繁荣的科学保障，也是推动当代中国翻译事业向前发展的基本动力。

思考题：

1. 如何理解"翻译研究是一门综合性的独立学科"这一说法？
2. 对翻译活动的研究主要包括哪些方面？
3. 当下的翻译研究有哪些新的类型和方法？

下 编

翻译的历史

下编　翻译的历史

第九章　西方翻译史略述

约公元前285—前249年，72名犹太学者在埃及亚力山大城将希伯来文的《圣经·旧约》翻译成希腊文，即《七十子希腊文本》（*Septuagint*）。公元前约250年，古罗马早期的翻译家安德罗尼柯（Andronicus）在罗马用拉丁语翻译希腊荷马史诗《奥德赛》片段，该片段被称作罗马文学史上"第一部译成拉丁文的文学作品"。

根据谭载喜编著的《西方翻译简史》（谭载喜，2016：2-4），西方翻译历史主要划分为以下六个阶段。

（1）肇始阶段。公元前4世纪末，盛极一时的希腊奴隶社会开始衰落，罗马逐渐强大。但当时希腊文化对罗马有巨大吸引力。罗马人翻译介绍希腊古典作品的活动就始于这个时期。后来，被誉为罗马文学三大鼻祖的安德罗尼柯、涅维乌斯（Naevius）、恩尼乌斯（Ennius），以及普劳图斯（Plautus）、泰伦斯（Thales）等大文学家，用拉丁语翻译或改编荷马史诗和希腊戏剧家埃斯库罗斯（Aeschylus）、索福克勒斯（Sophocles）、欧里庇得斯（Euripides）等人的戏剧作品。这一时期的翻译活动将古希腊文学，特别是戏剧介绍到罗马，使罗马人较为完整地继承了希腊文学遗产，也促进了当时罗马文学的诞生和发展，还催生了西方最早的翻译观念和标准。

（2）罗马帝国后期至中世纪初期。这一时期的翻译主要以《圣经》翻译为主。为让罗马人能够阅读和理解《圣经》，由希伯来语和希腊语写成的《圣经》必须翻译成拉丁语。公元4世纪，《圣经》拉丁语翻译活动达到高潮，哲罗姆

（St. Jerome）于382—405年翻译的《通俗拉丁文本圣经》（*Vulgate*）成为公认的拉丁语定本。欧洲进入封建社会后，各民族国家陆续成立，宗教翻译便有了更大的民族语言需求。《圣经》被相继译成各个新兴民族的语言，有的译本甚至成为该民族语言的第一批重要文字材料。

（3）中世纪中期，即11至12世纪。在这一阶段，西方翻译家云集西班牙托莱多，把阿拉伯语作品译成拉丁语。在这之前的9至10世纪，曾有一批叙利亚学者来到雅典城，把希腊典籍译成古叙利亚语，带回巴格达。在巴格达，阿拉伯人又将这些典籍译成阿拉伯语。巴格达一时成为阿拉伯人研究古希腊的文化中心。后来在托莱多译成拉丁语的希腊典籍便是从这些阿拉伯文译本转译的。因此，托莱多也成为当时欧洲的学术中心。

（4）14至16世纪的欧洲文艺复兴时期。文艺复兴运动是一场思想和文学革新的大运动。特别是文艺复兴运动在西欧各国普遍推进的16世纪后期，翻译活动达到了高潮。翻译深入思想、政治、哲学、文学、宗教等各个领域，涉及古代和当代的主要作品，产生了一大批杰出的翻译家和一系列优秀的翻译作品。在德国，宗教改革家路德（Luther）用民众语言于1522—1534年翻译刊行了第一部"民众的《圣经》"，开创了现代德语发展的新纪元。在法国，文学家阿米欧（Amyot）于1542—1559年译出的普鲁塔克（Plutarchus）的《希腊罗马名人比较列传》（简称《名人传》），成为法国乃至整个西方翻译史上不朽的文学译作。其他还有诺斯（North）译出的《名人传》、查普曼（Chapman）译出的《伊利亚特》《奥德赛》等。1611年，英国国王詹姆士一世（James Ⅰ）组织翻译出版的《钦定圣经译本》则标志着英国翻译史的又一大发展。它以英语地道、通俗和优美的风格赢得了"英语中最伟大的译著"的盛誉。这些重大的成就都标志着民族语言在文学领域地位的巩固，同时也表明翻译对民族语言、文学和思想的形成和发展所起的巨大作用。

（5）文艺复兴后，即17世纪下半叶到20世纪上半叶。在这一时期，西方各国的翻译事业继续向前发展。虽然其规模和影响比不上文艺复兴时期，仍不乏大量的优秀译作。这一时期翻译活动的最大特点是翻译家们不仅继续翻译古典著作，而且对许多优秀作家的近代和当代作品也极感兴趣。塞万提斯、莎士比亚、巴尔扎克、歌德等大文豪的作品被一再译成各国文字。

（6）现代翻译，即第二次世界大战结束后至今。这一时期的翻译活动范围从文学、宗教，扩大到科技、商业等领域；翻译规模大大超过了以往各时期，出现了翻译这个专门职业和专业队伍。翻译在国家地区间交际活动中的作用越来越大。翻译事业蓬勃发展，兴办高等翻译教育、成立翻译组织、发展机器翻译等，成为现当代翻译发展的重要标志。

第一节　古代翻译

据记载，西方古代第一部重要译作出现在公元前285—前249年。72名犹太学者云集埃及亚历山大图书馆，将《圣经·旧约》从希伯来文译为希腊文。这一圣经文本《七十子希腊文本》，开启了翻译史上集体合作的先河。因译者并非希腊人，且翻译的立足点是译文必须准确，所以译文词语较为陈旧。但又因"十分准确"和"保持其原状"，这个版本被教徒们奉为经典，甚至一度取代希伯来文本成为"第一原本"。

公元前2世纪《阿里斯迪亚书简》（*Letter of Aristeas*）记载了耶路撒冷主教应埃及国王托勒密二世之请，派人前往亚历山大翻译《圣经·旧约》这一史实。这部文献记载了作者关于翻译原则的传统观点，可以说是对《圣经》翻译所遵循标准的最早阐述。

埃及发现的著名的罗塞塔石碑（Rosetta Stone）载有为埃及国王托勒密五世歌功颂德的碑文，该碑文由古埃及的象形文字、自象形文字发展而来的通俗文字和古希腊文三种文字写成。考古学家通过分析石碑上的原文和译文，打开了翻译注释古埃及象形文字、解释古埃及文化奥秘的大门。

公元前6世纪，罗马进入奴隶社会，开始对外扩张，占领了希腊。当时罗马势力刚刚兴起，希腊文化高出一筹，罗马文化开始模仿希腊文化。这一时期，罗马译者奉希腊作品为珍宝，在翻译中亦步亦趋，紧随原文，唯一目的就是传递原文内容，照搬原文风格。这是西方翻译史上第一个重要的发展阶段。此阶段涌现出了一大批重要的罗马翻译家。

安德罗尼柯是罗马史诗和戏剧的创始人，也是罗马最早的文学翻译家。公元250年，他用意大利萨图尼乌斯诗体翻译了荷马史诗《奥德赛》，这是第一篇译成拉丁语的文学作品。这部译作最大的特点是，在翻译希腊诸神的名字时没有采用音译，而是用类似罗马神的名字进行取代。这种文化移植从某种意义上起到了积极作用：使罗马神的性格更生动，丰富了罗马文化，也促进了罗马神与希腊神的融合。他翻译了九部希腊悲剧和三部喜剧，第一个把古代希腊史诗和戏剧介绍给罗马社会，并使希腊的诗体、韵律适合于拉丁语言。古罗马历史剧作家涅维乌斯翻译了六部悲剧、三十部喜剧。他用将两部希腊剧合成一部罗马剧的手法，创作出新型的"混合喜剧"。恩尼乌斯是古代最具影响力的拉丁诗人之一，被誉为"罗马文学之父"，其主要著作有《编年史》（*Annales*）。他通过翻译把希腊的六步韵律法移植过来，改革了拉丁语诗的创作法，为罗马的诗作开辟了前景。在这些古罗马诗人、作家和翻译家的努力下，古希腊的戏剧风格逐渐成形并对后世欧洲的戏剧产生了深远的影响。

这些早期的翻译作品使罗马人从古希腊作品和戏剧中得到娱乐和消遣；后来，当罗马人意识到自己是战争和文化的征服者和胜利者时，又把希腊作品当作他们可以任意宰割的战利品。这一时期翻译的主要目的不再是"译释"（interpretatio）或"模仿"（imitatio），而是与原文"竞争"（aemulatio），即翻译不应以原文为中心亦步亦趋、逐字照搬，而应该是一种创作，要与原文媲美，甚至在语言表达的艺术性方面应该超过原文。这样，希腊文化也被罗马文化征服了。因此，在后来的罗马帝国时期，翻译的受限少多了。

马尔库斯·图留斯·西塞罗（Marcus Tullius Cicero）是罗马帝国初期著名的演说家、政治家、哲学家、修辞学家和翻译家。他在《论最优秀的演说家》（"De Optimo Genere Oratorum"）中关于"解释员式"与"演说家式"翻译的区分成为西方翻译史理论起源的标志。他说："我不是作为解释员，而是作为演说家来进行翻译的，保留相同的思想和形式……，但却使用符合我们表达习惯的语言。在这一过程中，我认为没有必要在翻译时字当句对，而是保留了语言的总的风格和力量。因为我认为不应当像数硬币一样把原文词语一个个'数'给读者，而是应当把原文'重量''称'给读者。"（转引自Robinson，1997：9）西塞罗认为，译者在翻译中应像演说家那样，使用符合古罗马语言习惯的语言表达外来作品的内容。直译是缺乏技巧的表现，译者应当避免逐词死译，保留词语最内层的东西，即意思。译者的责任是给读者称出原词的重量，而不是算出原词的数量（谭载喜，2016：19）。昆图斯·贺拉斯·弗拉库斯（Quintus Horatius Flaccus）是罗马皇帝屋大维时期著名的抒情诗人、批评家和翻译家。他在《诗艺》（Ars Poetica）中提出"忠实原作的译者不会逐词死译"的主张，认为翻译必须坚持活译，摒弃直译。马库斯·法比尤斯·昆体良（Marcus Fabius Quintilianus）是罗马帝国时期著名的演说家、修辞学家、教育家和翻译家。他在《演说术原理》（De Institutione Oratoria）中提出针对翻译的重要见解：罗马人在一切翻译和写作中都必须与希腊人比高低，"我所说的翻译，并不仅仅指意译，而且还指在表达同一意思上与原作搏斗，竞争"，即翻译也是创作，这种创作必须与原作媲美，译作应力争超过原作（谭载喜，2016：21-22）。

从公元前3世纪罗马帝国的鼎盛时期到公元5世纪罗马帝国覆灭，西方古代翻译经历700多年，其中有两大发展阶段：一是古希腊文学特别是荷马史诗和戏剧首次被介绍到罗马的阶段；二是大规模的宗教翻译阶段，《圣经》等神学著作翻译取得与世俗文学翻译并驾齐驱的地位，并在以后较长时间里超过了世俗文学翻译，成为西方翻译的主要内容。

早期的《圣经》翻译是在古罗马后期，随着这一时期文学创作热潮的衰退，文学翻译也不如以前活跃。为挽救濒于崩溃的帝国，罗马帝国统治阶层加紧利用基督教收拢人心。这时，宗教翻译促成了西方翻译史上的第二大高潮。这一时期，翻译界最有影响力的人物是哲罗姆和奥古斯丁（St. Augustine）。哲罗姆被认为是罗马神父中最有学问的人，早期西方基督教四大权威神学家之一。他和助手译出的《通俗拉丁文本圣经》结束了拉丁语中《圣经》翻译的混乱现象，使拉丁文读者有了第一部"标准的"《圣经》译本，后来成为罗马天主教承认的唯一文本。在某种程度上，它甚至一度取代了希伯来语和希腊语文本，被后世欧洲各国的不少译者当作翻译原本。奥古斯丁是罗马帝国末期的基督教神学家、哲学家和拉丁教义的主要代表，其传世之作有《忏悔录》（Confessiones）、《上帝之城》（De Civitate Dei）、《论基督教育》（De Doctrina Christiana）等。其中，《论基督教育》是一本从神学角度论述语言学的著作。虽然论述语言学的目的在于指导基督教徒学习和理解《圣经》，但书中许多论述都直接或间接涉及语言的普遍问题和翻译问题，因而被认为是古代语言学和翻译理论的重要文献。

这一时期的翻译标准和方法在很大程度上受罗马和希腊之间关系力量对比的

影响。后来，西塞罗提出了直译和意译的问题。文学家和翻译家们围绕这个问题展开讨论，形成了以西塞罗和贺拉斯为代表的活译派，以斐洛和奥古斯丁为代表的直译派，以哲罗姆为代表的活译直译兼用，即折中派。这些对翻译方法的不同主张虽然零散随意，但在这一时期却构成了活跃的翻译观念的重要内容，也为后来更加理性的翻译问题讨论奠定了基础。

第二节　中世纪翻译

一、中世纪初期

这一时期，拉丁语仍是欧洲通用的翻译、创作语言。在罗马帝国后期，宗教翻译——特别是《圣经》翻译——以压倒性的优势统治了欧洲的翻译领域。但在罗马帝国濒临灭亡时，情况发生了变化。奥古斯丁的大部分翻译理论不再被追捧，翻译的内容已开始脱离单一的宗教题材。在教会继续组织力量翻译宗教文献的同时，新兴的封建地主阶级也在提倡翻译和介绍古希腊的哲学著作。

卡西奥多鲁（Cassiodorus）修士是中世纪初期罗马城的意大利历史学家、政治家。他大量收集手稿，组织僧侣抄写各种神学和世俗作品，并进行研究和翻译，从而保护了古罗马的文化遗产。格列高利一世（Gregorius I）是一个思想比较开明的教皇，他在590年登基后进行了一系列宗教、行政和社会改革，并建立了最早的官方组织的翻译机构。该机构隶属于教廷图书馆，主要从事东西欧之间的宗教和行政管理文件的翻译。波伊提乌（Boethius）是中世纪初期翻译领域的中心人物。他从小接受基督教教育，但具有唯物主义的思想。他代表新兴封建地主阶级利益，否定基督教的一些基本教义，从希腊哲学中寻找精神食粮。他把亚里士多德逻辑学的基本原则介绍到西欧，引起了研究和探讨亚里士多德的热潮，对中世纪的学术界、理论界产生了极大影响。

欧洲的英语翻译始于7世纪末8世纪初。其中较为突出的人物有阿尔弗列德国王（King Alfred）和阿尔弗里克（Aelfric）。阿尔弗列德是英国早期一位颇有学问的君主，他曾组织一批人把大量的拉丁语作品翻译成英语，并要求翻译不能完全凭经验，而应该遵循一定的指导原则和方法。他对原作采取一种随心所欲的态度。按照他的观点,译者应根据自己的需要决定取舍,赋予翻译极大的灵活性。阿尔弗里克是另一位较有成就的翻译家和翻译理论家。他翻译了《圣经·创世纪》《天主教布道辞》《圣徒传》等,并用当时通用的文学语言拉丁语阐述自己的翻译观点,专门给那些反对把拉丁语译成民族语的文人看。他在翻译实践中大多采用面向民众的翻译原则和方法,不用华丽的辞藻,也不用人们不熟悉的词语,只用"属于民族语言,意思清楚明了的词语",使译文简单易懂。在翻译《圣经》时,他提出拉丁习语必须让位于英语习语的原则。他提出这些主张,显然是要译者时刻考虑读者,尽可能使译作对英语读者有吸引力。

二、中世纪中期

在西方翻译史上,东西方的文化交流可以追溯到阿拉伯与西方作品的互译时期。早在七八世纪,阿拉伯人向外扩张,征服了希腊。大批叙利亚学者来到雅典,把希腊作品译成古叙利亚语,并带回巴格达。之后,他们又把一些希腊作品译成阿拉伯语。阿拉伯学者从各地来到巴格达研究西方文化,翻译希腊作品,使巴格达成为早期的学术中心,即阿拉伯"翻译院"。后来,由于许多希腊典籍因年代久远遗失,大量流入欧洲的阿拉伯语版本反倒成了西方译者翻译的原本。

11世纪中叶,阿拉伯作品大量涌向西班牙,被转译成拉丁语。西班牙的托莱多取代巴格达成为欧洲"翻译院"。直到13世纪,希腊原本才开始传入托莱多,学者直接从希腊原著翻译,不再进行转译。托莱多翻译院的翻译活动一直得到教会的资助,成为当时西班牙的教育中心和穆斯林学术中心。托莱多翻译院翻译的主要是希腊作品的阿拉伯语译本,其次是阿拉伯语原作和希腊语原作。在托莱多的大规模翻译为西方人带去了东方人的思想,传播了古希腊文化。并且,许多译者同时也是学者,他们在托莱多讲授各种知识,使托莱多成为当时西班牙甚至西欧的教育中心。托莱多的翻译时期是西方翻译史上一个重要的发展阶段,形成了西方翻译史上的第三个高峰。

三、中世纪末期

用民族语从事大规模的翻译是在中世纪末期,即13至15世纪。民族语翻译与《圣经》翻译有关。把拉丁语和希腊语翻译成日耳曼语,语义和语法结构差异很大，语义内涵连根拔除的同化过程必会改变日耳曼人的思想方式和表达习惯，所以通过《圣经》的民族语翻译，西欧各国语言在句法结构上变得接近（谭载喜，2016：40-41）。12世纪，教会禁止人们阅读《圣经》民族语版本，以置民族语翻译于死地。随着人文主义的兴起和文艺复兴的萌芽，13世纪世俗文学和《圣经》的民族语翻译在西欧各国形成高潮。

在法国，王室雇佣译员专门翻译各种拉丁语和希腊语作品。尼古拉斯·欧雷斯米（Nicholas Oresme）于1377年所译的亚里士多德的作品在当时产生了很大影响。在阿尔丰十世（13世纪）的西班牙，受托莱多翻译院影响，大量希腊、阿拉伯作品被翻译成西班牙语。在意大利，伟大的诗人、文学家但丁发表了关于翻译和民族语的观点。在其著作《论俗语》（*De Vulgari Eloquentia*）中，但丁对俗语的优越性、标准意大利语的必要性等问题做了精辟阐述，对解决意大利的民族语和用民族语从事翻译的问题产生了重大影响。他在著作《飨宴》（*Convivio*）中除了盛赞俗语之外，还对翻译问题做了明确论述。在对《圣经·诗篇》的拉丁文译文的分析中，他发现了译文丢失的原文特征，从而提出文学作品不可译论。这是关于文学翻译的可译性和不可译性问题的最早讨论。在俄国，11至12世纪基辅时期是俄语翻译的第一个重要发展阶段，很多希腊语和拉丁语作品都被翻译成俄语。这一时期，基督教是俄国的国教，大量的宗教文学得到译介。其次，广泛的贸易交往和越来越频繁的民族交流也产生了迫切的翻译需求。在德国，民族语的翻译虽早已存在，但拉丁语的地位仍不可撼动。由于拉丁语是教会、大学和文学家的主要使用语言，其"高雅"风格自然成了创作和翻译的模仿对象，逐词直译、模仿拉丁语的句法和表达方式是主流翻译方法。直译派主张模仿拉丁语风格，使用"高雅"的贵族腔调，利用拉丁语的语言优势，为他们的直译译法提供理论基础。但反对直译、主张意译的也大有人在。意译派主张发展民族语的风格，使用人民大众"活的语言"。人民大众的通俗语言真正代表了德语的发展方向，并在16世纪以路德的《圣经》民族语翻译为标志。在13至14世纪，英语在西欧仍属于蛮族语言。许多拉丁语、法语和意大利语的作品需要翻译才能供大众阅读。英国诗人杰弗雷·乔叟（Geoffrey Chaucer）通晓多种欧洲语言，翻译了不少文学作品，被誉为"翻译大师"。乔叟的翻译为英国翻译打开了大门，并为确立英语作为文学语言的地位、推动英国文学的发展做出了卓越的贡献。然而，在中世纪的英国，译者的地位很低，往往无法选到符合自己口味的作品。译者翻译时整段整段地增删原文，有时逐词对译，有时译文又与原文相去甚远，译文成了译者自由的"创作"。英国神学家、哲学家约翰·威克利夫（John Wycliffe）倡导翻译的英语《圣经》是这一时期最重要的译作之一。英语《圣经》是顺应宗教改革派翻译和出版的，在15世纪广为流传，成为当时唯一的英译本。

在中世纪的西方翻译活动中，以《圣经》为主的宗教翻译和世俗文学翻译并行，拉丁语翻译和民族语言翻译并行，欧洲新兴民族国家的民族语翻译获得了较快的发展。虽然教会仍处于权力的中心，但人文主义已在西欧各国萌芽，为后来文艺复兴在欧洲的全面发展奠定了基础。

第三节　文艺复兴时期的翻译

欧洲文艺复兴始于14世纪末的意大利，于15至16世纪中期波及西欧各国。文艺复兴是对古希腊罗马文学、艺术和科学的重新发现和振兴，以传播人文主义思想为主，主张人性的解放，反对中世纪基督教的禁欲主义和对人性的压抑。在这一时期，大量的古希腊罗马典籍被重新发现并翻译成欧洲各种民族语言。在研究和复兴古典文化，传播发展新文化、新思想的过程中，作为跨语言沟通的翻译显然作用巨大。因此，文艺复兴时期是文学、艺术的大发展阶段，同时也是西方翻译史上的重要阶段。文艺复兴时期人们对客观世界的探索和征服，反映到翻译上就表现为不断发掘文学和文化遗产，将新的思想介绍到本国，将古代和近代强国有关政治、哲学、社会体系等的经典著作译成民族语，为新兴民族国家的发展提供治国安邦的借鉴。

16世纪，德国社会各阶层特别是正在崛起的中产阶级迫切需要统一的民族语言。德国学者也逐渐意识到德语与希伯来语、希腊语和拉丁语在表达习惯上的不同。德语拥有自己独特的风格，这一风格不能因模仿其他语言而受到破坏。因此，德国宗教改革运动领袖和翻译家路德用德语翻译《圣经》时，既照顾到了广泛的社会基础，又考虑到了上层德语地区的区域性因素。为了译成"民众的《圣经》"，翻译必须采用大众的语言。路德的德语版《圣经》在神圣的和世俗的语言之间做到了合理的平衡。1522年，他将希腊语《新约》译为德语；1534年，他又将希伯来语《旧约》译为德语。路德在翻译中遵循通俗明了、能为大众接受的原则，以德国中部比较统一的公文语言为基础，吸收中东部和中南部方言中的精华，创造了很多新词语，使译文成为德语的典范。通过对《圣经》的翻译，路德促进了德语词汇的丰富化和标准化，发展了平衡的句法；在文体上，力求简明生动。路德的译本是德语发展的重要标志。他对语言的收集和选择，对近代德语的发展有至关重要的作用。路德的《圣经》德译本是西方翻译史上第一部对民族语言的发展产生巨大而直接影响的翻译作品。除了宗教翻译，这一时期还有对文学作品如西塞罗、贺拉斯等古罗马名人的拉丁语作品的翻译。

  法国的翻译高潮始于16世纪。15世纪末，意大利人文学者但丁、彼特拉克（Petrarca）、薄伽丘（Boccaccio）等大师的文学作品传入法国，促进了法国人文主义运动的发展。这一时期的翻译大都是文学家文学创作之余的"副产品"，翻译质量不高，影响也不大。随着古法语的成熟，从希腊语、拉丁语、阿拉伯语翻译成古法语的作品越来越多，题材也越来越多样，包括哲学、政治、医学、天文、数学等。法国和欧洲其他民族语言如意大利语、英语也有翻译交流。法国作家、语言学者雅克·阿米欧在1559年翻译了古罗马历史学家普鲁塔克的《希腊罗马名人比较列传》，一举成名。他认为，译者必须吃透原文，在内容的移译上狠下功夫；译笔必须纯朴自然，不事藻饰。他强调内容和形式、意译和直译的统一。他在这种原则的指导下，把人民语言和学者语言熔于一炉。翻译中，他还借用了希腊语、拉丁语词汇，同时创造了大量政治、哲学、科学、文学和音乐方面的词语，大大丰富了法语词汇。西方近代史上第一个比较系统地提出翻译理论的人是艾蒂安·多雷（Etienne Dolet）。1540年，他发表了论文《论如何出色地翻译》，文中列出了翻译的五条基本原则：（1）译者必须完全理解所译作品的内容；（2）译者必须通晓所译语言和译文语言；（3）译者必须避免逐词对译，因为逐词对译有损原意的传达和语言的美感；（4）译者必须采用通俗的语言形式；（5）译者必须通过选词和调整词序使译文产生色调适当的效果（谭载喜，2016：70-71）。

  这些原则包括对原文的忠实，对译者的语言要求，提倡意译、活译的翻译方法，强调译文使用民族语和习惯用法的重要性，译文风格要和原文风格一致。这些问题都反映了翻译的基本原则和重要问题。

英国的文艺复兴运动虽然晚于欧洲大陆的主要国家,但其资本主义经济的快速发展为文学和翻译的发展提供了坚实的物质基础和强大的动力。特别是16世纪中期至17世纪初期的伊丽莎白时期,英国的翻译活动盛极一时。一方面,宗教翻译活动方兴未艾,宗教翻译者也受到人文主义思想和宗教改革运动的影响,对《圣经》产生了新的理解,并以新的态度和方式来翻译《圣经》。1525—1611年共产生了9个《圣经》英译本,除了17世纪的钦定本之外,廷代尔(Tyndale)的版本最为突出。英国的文学翻译题材从历史、哲学到诗歌、戏剧无所不包,涌现了诺斯、弗洛里欧(Florio)、荷兰德(Holland)、查普曼等一大批优秀的文学翻译家。另一方面,古代希腊罗马和当代其他国家的文学作品被大量译成英语,这一时期英国的翻译活动十分活跃,受到世界瞩目。当时英国的经济突飞猛进,国力日趋强大,学术研究飞速发展,语言界和翻译界也是如此。翻译范围之广和数量之大都是空前的。这一时期的重要译作包括1579年诺思翻译的《希腊罗马名人比较列传》、1600年荷兰德翻译的古罗马史学家李维的《罗马史》(*Romane History*)等。这一时期大量的异域文学被译介到英国后,丰富了英语的表达方式,促进了英国文学的发展。

文艺复兴时期,西欧各民族语的翻译得到了平行的、独立的发展。拉丁语虽然仍在使用,但无论在创作还是翻译中都让位于这一时期蓬勃发展的民族语言。在文艺复兴之前,特别是中世纪中期以前谈论西方翻译,所指的多是拉丁语的译作。然而,文艺复兴之后,随着西欧各民族国家的形成和发展、民族语言的发展,西方翻译便转而以各国的民族语为主。因此,文艺复兴时期也是西方翻译史上的一个转折期,在此期间民族语的翻译成为主流;翻译理论也开始关注拉丁语和民族语言之间、各民族语言之间的各种翻译问题。

第四节 近代翻译

17世纪,英法两国国力遥遥领先于欧洲其他国家,受教育的人口增多,阅读、写作和翻译的要求增多。文艺复兴为翻译实践和翻译理论研究提供了有利条件。文艺复兴之后,欧洲各国民族语言互译逐渐成为主流,受古典主义思潮的影响,翻译家们开始大量从事古典作品的翻译。下面简要介绍英国、法国、德国和俄国的翻译活动。

一、英国

17世纪的文学翻译虽然不及16世纪,但仍有不少优秀的译者和译作,如谢尔登(Shelton)译的《堂吉诃德》(*Don Quixote*)、厄克特(Urquhart)和莫特克斯(Motteux)译的《巨人传》、德纳姆(Denham)译的《伊尼特》等。宗教翻译方面,1611年著名的《钦定圣经译本》(*Authorized Version*)的出版极大地促进了现代英语的发展,是17世纪整个英国翻译史上最重要的译作之一。这是西方自古代《七十子希腊语译本》以后由皇室支持的第二次大规模集体翻译。钦定本吸收了16世纪《圣经》各英译本的优点,语言通俗,形象生动,韵律优美,发挥了英语独具一格的特点,对英语语言和文化的发展都起到了重要作用。而且,受英国殖民的影响,它也成为许多殖民地国家用民族语翻译《圣经》的蓝本,对这些国家语言的发展产生了一定的作用。

17世纪下半叶,翻译理论逐渐发展。比如,约翰·德纳姆提倡"以诗译诗",亚伯拉罕·考利(Abraham Cowley)主张译者应有较大的自由,温特华斯·狄龙(Wentworth Dillon)在论著《论翻译的诗》(*Essay on Translated Verse*)中专论译诗的原则。其中,最具代表性的还是约翰·德莱顿(John Dryden),他撰写了大量有关翻译理论问题的论文和序言,深刻地阐述了翻译的原则和方法,在当时翻译理论界独占鳌头。

德莱顿是英国古典主义流派的创始人,17世纪英国伟大的翻译家。他既有大量译作,又有系统的翻译理论。主要译作是维吉尔(Virgil)的《伊尼特》、普鲁塔克的《名人传》,以及乔叟、薄伽丘、荷马、塔西陀等人的文学作品。他善于把古文转变成地道的现代英文,翻译风格因作品而异,语言流畅,在17世纪的文学和翻译界占据非常重要的地位。德莱顿没有出版过翻译理论专著,其翻译观点散见在大量论文和序言中,后被收入《德莱顿论文集》,于1900年出版。其主要观点如下:(1)翻译是艺术;(2)翻译必须掌握原作特征;(3)翻译必须考虑读者;(4)译者必须绝对服从原作的意思;(5)翻译可以借用外来语;(6)翻译分为逐字译(metaphrase)、意译(paraphrase)和拟作(imitation)三个种类（谭载喜，2016：120-122）。

德莱顿的翻译三分法相对于西方传统的翻译两分法，即意译和直译的区分法，是一个重要的发展，极具启发性。其理论是17世纪英国翻译史上的高峰，深刻地影响了18、19乃至20世纪的英国翻译研究。

亚历山大·蒲伯（Alexander Pope）是18世纪初英国最重要的古典主义诗人，也是最著名的荷马史诗翻译家。他采用英语双韵史诗体译出了荷马史诗《伊利亚特》和《奥德赛》。他认为，翻译上乘译作，采用直译肯定行不通，如果采用草率的活译，把原作变成现代作品，便丧失了古老原作的精神。他强调译者必须在最大程度上忠实于原作，不要企图超越原作者。

威廉·柯伯（William Cowper）是18世纪下半叶著名诗人和翻译家，以翻译荷马史诗著称，先后译出《奥德赛》和《伊利亚特》。虽然其译文质量和影响都不如蒲伯，但他主张采用不同的翻译原则和方法，以忠实原文为最高准则，强调紧扣原文，反对把英诗的双韵体用于译作中。

与17世纪相比，英国18世纪的翻译理论并无太大实质性的进展，谈论翻译问题时也基本停留在17世纪德莱顿的理论上，对翻译观点的论述比较零散和雷同。到了18世纪末，翻译理论取得了突破性进展，不再局限于零散的观点和方法，而开始出现全面、科学、系统论述翻译问题的专著，以亚历山大·泰特勒（Alexander Tytler）在1790年出版的论文集《论翻译的原则》（*Essay on the Principles of Translation*）为代表。泰特勒认为，优秀的翻译应该是"原作的优点完全移植在译作语言之中，使译语使用者像原语使用者一样，对这种优点能清楚地领悟，并有着同样强烈的感受"（谭载喜，2016：129）。之后，泰特勒提出了翻译必须遵循的三个原则：（1）译作应完全复写出原作的思想；（2）译作的风格和手法应和原作属于同一性质；（3）译作应具备原作所具有的通顺。他指出，忠于原作思想，往往需要偏离原作的笔调，但无论如何都不能因笔调偏离思想。他在著作中还精辟地论述了文学风格和译诗这一传统艺术，提出了习语的翻译问题。最后，泰特勒还专门论述了优秀译者的标准问题。他认为，译者必须具备类似于原作者的才华，最优秀的译者能用原作者所用的题材进行创作。泰特勒的翻译理论是西方翻译史上的一个重要里程碑，自此以后翻译理论开始系统化。

19世纪下半叶，英国文艺界在荷马史诗的翻译问题上展开了著名争论。19世纪50年代，伦敦大学拉丁语教授弗朗西斯·纽曼（Francis Newman）翻译出版了荷马史诗《伊利亚特》；之后不久，诗人和评论家马休·阿诺德（Matthew Arnold）于1861年发表论文《论翻译荷马作品》，评论纽曼的译作及其序言；纽曼不服，以长文《论翻译荷马作品的理论和实践：答马休·阿诺德》回应阿诺德；阿诺德继而再发表论文《再论翻译荷马作品：答弗朗西斯·纽曼》进行回应。综合以上争论，阿诺德的翻译主张可概括为以下六点：（1）翻译荷马必须首先正确认清荷马"语调轻快，文字清晰，思想朴素，风格崇高"的特点；（2）译者要保留荷马的基本特征，达到平易自然的行文风格；（3）译诗必须具有诗人的洞察力，以防以词害意；（4）译诗必须译得像诗，研究荷马史诗的学者不一定是优秀的译者；（5）译作必须具有与原作相同的感染力，能让译作读者能够有原文读者同样的感受；（6）检验相同感染力的是"高水平读者"，即学者，而不是一般的普通读者（谭载喜，2016：134-135）。

纽曼的翻译主张可概括为以下三点：（1）译诗时必须再现荷马是古人这一事实，因为"保留原作的所有特征乃是忠实于原作"；（2）衡量译作的标准主要是一般读者而不是学者的反应；（3）翻译是一种折中，原作越是杰作，译作越不能与之相比（谭载喜，2016：129）。

因此，衡量译者的尺度不应是"怎样的译者才是最完美的译者"，而应是"谁是缺点最少的译者"。这场争论在两位学者之间展开，双方据理力争，进行了严厉的批评和反驳，但争论的主题始终是严肃深刻的，它不仅涉及荷马史诗的翻译问题，而且澄清了许多一般性翻译理论和原则问题，提出了两种迥然不同的观点。

二、法国

文艺复兴之后，法国的翻译活动持续发展。17世纪文学中产生的古典主义思潮不仅表现在对大量古典作品的继续翻译，还表现在对翻译方法是厚古薄今还是厚今薄古的争论上。厚古派推崇古人的文学风格，并讲究译作风格的古典优美，而不甚注重原作的精神实质；厚今派任意发挥，增删原文内容，也不太注重译文的准确性。

17世纪著名的法国翻译家帕洛特·阿伯兰库（Parrot d'Ablancourt），翻译了罗马帝国历史学家普布利乌斯·科尔涅利乌斯·塔西陀（Publius Cornelius Tacitus）的《编年史》（*The Annals*）。他的翻译风格简洁练达，通俗易懂，译文具有文学性和可读性。一切为了读者，任意增删内容，是当时自由派风格的代表做法。翻译评论家吉尔·梅纳日（Gilles Menage）评论其翻译是"不忠实的美人"。与之相对的是翻译理论家巴歇·德·梅齐利亚克（Bachet de Meziriac），他是这一时期准确译法的代表。1636年，他发表论文《论翻译》，提出译者应该遵循的三个原则：（1）不得给原著塞进私货；（2）不得对原著进行删减；（3）不得做有损原意的改动（谭载喜，2016：90）。

丹尼尔·于埃（Daniel Huet）是17世纪最有影响力的翻译评论家之一。他对厚今派和厚古派、自由派和准确派都提出了自己的批评和见解。1611年，他出版了专著《论翻译》（*De Interpretatione*）。书中，他批评了活译派和"美而不忠"的翻译方法，并提出了翻译的唯一目标是准确，只有在语言上模仿了原作，才有可能准确传达原作者的意思；译者无权任意选词或更改词序，因为在选词或词序上偏离原文便会偏离原义。他认为，优秀译者要让译作读者看到原作的本来面目，应毫无遮盖地显露原作者，译者不拘泥于字眼，但也不应自作主张改进原作，使译作偏离原义。

查尔斯·巴特（Charles Batteux）是18世纪法国乃至欧洲最有影响力的文学理论家和翻译理论家之一，在这一时期对翻译理论研究贡献巨大。他出版的著作《论文学原则》（*Principles de Litterature*）中有部分内容专门讨论翻译问题。他还从语言学的角度讨论翻译的一般语言技巧。他认为，语言中普遍存在自然的语序，语言的普遍因素是语序，而不是语法。因此，如果在翻译中出现矛盾，译者应当以语序而非语法作为参照的标准。他在翻译亚里士多德《诗学》时将这一点付诸实践：该译作始终保持原作的语序，形式上基本对等。

三、德国

17世纪到19世纪的德国翻译有很大发展。古希腊罗马的作品，近代或当代英、法、西等国的文学佳作在德国被大量翻译，涌现出一大批卓越的翻译家和翻译理论家，德国因此成为欧洲翻译理论研究和翻译活动的中心之一。

克里斯托夫·维兰德（Christoph Wieland）是第一个大量翻译莎士比亚作品的德国人，是欧洲启蒙运动的重要作家；弗里德里希·冯·席勒（Friedrich von Schiller）也是著名的翻译家，译有莎士比亚的《麦克白》等；约翰·海因里希·瓦斯（Johann Heinrich Voss）是著名诗人，翻译了荷马史诗《奥德赛》和《伊利亚特》，以及维吉尔、贺拉斯等人的作品；路德维希·蒂克（Ludwig Tieck）是早期浪漫主义运动的作家和批评家，翻译过莎士比亚的《暴风雨》、塞万提斯的《堂吉诃德》等；奥古斯都·施莱格尔（August Schegel）是德国著名的文学评论家、语言学家和翻译家，翻译了莎士比亚戏剧17部，西班牙、意大利作家的戏剧和作品若干。这些翻译家多为哲学家、语言学家和作家，他们主张译者应当为母语负责，以其在哲学、语言学、创作上的卓越能力帮助德语翻译在这一时期取得巨大成就。

约翰·冯·赫尔德（Johann von Herder）为狂飙突进文学运动的主要代表，其对语言和翻译的研究体现在《论语言的起源》（*Abhandlung uber de Ursprung der Sprache*）一书中。他重视人民的语言，认为民族语的发展对于民族文学十分重要。他还强调语言的重要性，认为知识只有通过语言这个中介才能获得。翻译是一项触及作品本质的活动，译者的任务是"解释"，因而他在译文中使用了与英文表达法最接近的德语表达法。

约翰·冯·歌德（Johann von Goethe）是近代德国卓越的文学家和翻译家，他精通多国文字，从事多种语言的翻译。除了翻译出上乘的译作，他还提出了颇有见地的翻译理论：（1）翻译往往是不完全的，但无论人们怎么揭短，它仍是世界事物中最重要、最有价值的活动之一，译者是"人民的先知"，因此应当重视翻译；（2）语言形态之间存在一种相互交织的关系，不同的语言在其意思和音韵的传译中有着彼此相通的共性，这就构成了文学作品包括诗作的可译性；（3）朴素无华的翻译总是最适当的翻译；（4）翻译分为三类：传递知识的翻译（informative translation）、按照译语文化规范的改编性翻译（adaptation）和逐行对照翻译（interlinear translation）（谭载喜，2016：105）。

弗里德里希·施莱尔马赫（Friedrich Schleiermacher）是德国基督教新教哲学家、神学家和古典语言学家。他通晓希腊语和拉丁语，翻译过柏拉图的作品。1813年，他在柏林皇家科学院的学术讨论会上宣读长达30页的论文《论翻译的方法》("Üeber die verschiedenen Methoden de Uebersezens")。这篇长文从理论上阐述了翻译的原则和方法,对19世纪及其后来德国的翻译界产生了重大影响。他在其中第一次区分了口译和笔译,提出了翻译的两种途径分别是靠近作者和靠近读者(被后世看作异化和归化的起源),阐述了语言和思维的辩证关系。这篇文章中讨论的种种问题,虽不具备较强的系统性,但在各个问题的阐述上却颇为深入。

威廉·冯·洪堡(Wilhelm von Humboldt)是德国著名的语言学家、哲学家、教育改革家。他在其重要的语言学论著中深刻论述了许多语言学问题,这些问题对于翻译基本问题的探讨具有很大的启发性:(1)语言决定思想和文化。语言之间的区别不是声音和符号上的区别,而是世界观的区别。(2)语言差距大而互不可译。支配人类语言的法则是,各语言间无共性,原作和译作之间不可能存在融合关系。(3)可译性和不可译性是一种辩证关系(谭载喜,2016:109-110)。语言结构差异和不同言语群体所产生的明显的不可译性,能够为潜在的可译性所抗衡。不同的语言虽然在结构上有很大差别,但归根到底还是可以翻译的。他提出的这种二元论的语言观给20世纪的现代语言学界带来了巨大的影响,并在翻译理论界引起了关于可译性和不可译性的热烈探讨。

弗里德里希·荷尔德林(Friedrich Hölderlin)是德国浪漫主义文学的主要代表,是这一时期仅次于歌德和席勒的重要诗人。他翻译了古希腊罗马戏剧史诗,如索福克勒斯的《俄狄浦斯王》和《安提戈涅》。在翻译理论上他没有专门的论述,但他在针对自己翻译索福克勒斯作品的评论中,谈及了有关翻译的一些实质问题。比如,人类每一种具体语言都是同一基本语言即所谓"纯真语言"(pure language)的体现,而翻译就是寻找构成这一基本语言的核心成分,即意思。不同的语言都是从"逻各斯"(logos)这一统一体中分离出来的,翻译则把不同语言中的意义成分融合起来。在翻译古典作品的过程中,译者应冲破语言和心理上因古老、遥远而造成的障碍,抓住古语的意义核心,找到创作灵感的普遍性,寻找诗和语言的普遍性根源。在翻译方法上荷尔德林采用的是逐词对译,其目的也是寻找更贴近人类语言共有的东西。

四、俄国

18世纪初，俄国进入彼得大帝的昌盛时代。彼得大帝施行改革，提倡对外开放，积极交流，广泛吸取各国文明，俄国国力大增。对外交往增加了对翻译的需求，18世纪也成为俄国翻译作品和翻译理论研究的重要时期。这一时期的俄国翻译活动得到皇室的支持。一方面，皇室鼓励翻译介绍西欧著作，许多优秀的文学家也热心于翻译事业，翻译工作还有了一定的组织性。另一方面，翻译理论的研究也开始受到重视。其中最具代表性的人物之一是俄国语言学家米哈伊尔·罗蒙诺索夫（Михаи́л Васи́льевич Ломоно́сов）。他被誉为"文学上的彼得大帝"，是杰出的语言学家和翻译家。针对外来词汇的译法他提出要保证俄语的纯洁化，认识俄语的优点，清理俄语词汇，在俄罗斯民族语言的基础上创造了一种接近口语、平易晓畅的文学语言。他把这种语言运用到他的创作和翻译中。他用自己创作和翻译的科学著作，为俄罗斯科学术语的纯洁化做出了贡献。但他不主张走极端，并不排斥一切形式的外来语，而是将其改造成最接近俄语或最便于发音的形式。18世纪，俄国翻译家普遍认为翻译工作是一种创造性工作。原著是创作，译著也是一种创作。对于原作的修辞特点，译者应尽力再创造出来。这种乐观主义及"适应俄国口味"的风气，引发了翻译实践中的自由主义。

亚历山大·谢尔盖耶维奇·普希金（Александр Сергеевич Пушкин）是俄国伟大的人民诗人，是19世纪俄国文学界的杰出代表。作为翻译家，他主要翻译了17、18世纪法国诗人的讽刺诗，古罗马贺拉斯的颂诗，古希腊抒情诗、叙事诗和长诗等。虽然译著在其文学成就中比例不大，但其翻译实践和在翻译评论中所发表的见解，推动了俄国翻译研究的发展。普希金的翻译观点主要如下：（1）译者在选择原文材料上必须有自己的主张。（2）译者在处理原著的过程中，应当享有充分的自由。他反对不讲究译文的艺术性而只追求表面准确的逐字死译。他的译笔明白晓畅，纯朴自然，创造性地运用了俄罗斯的活的语言，使其达到高度完美的境界。（3）原著独具的特色，译者必须尽量保留。传译的方式既可以是保留原诗的特殊格式，也可以是重视原作的语言特点，也可以是加注进行说明（谭载喜，2016：140-141）。

瓦西里·茹科夫斯基（Василий Жуковский）是与普希金同时代的俄国诗人和翻译家，被称为俄国文学史上"第一个真正的抒情诗人"。他翻译和改写过席勒、歌德、司各特、拜伦等人的作品，受到普希金和别林斯基的高度评价。茹科夫斯基最初提倡"拟译"的翻译观点，对原著中不适合的部分加以删减，使其符合俄国的口味；后来，他更加尊重原著，摒弃了随意删减原著的做法。他认为，译诗应当比译散文享有更大的创作自由，因为"散文的译者是（作者的）奴隶；诗的译者是（作者的）敌手"。在选择原文材料这一点上，茹科夫斯基提出，译者只应该选择那些与自己气质、世界观接近的作品，而不要去译那些与译者本性相去甚远的作品。

米哈伊尔·莱蒙托夫（Михайл Лермонтов）是俄国伟大的诗人和翻译家。他自小精通多门外国语言，翻译了拜伦、席勒、海涅、歌德等文学家的作品。他提出，选择什么作品来翻译，取决于该作品在文学上对俄国是否有充分的价值；他以创作的态度来对待翻译，采取活译法充分展现原作某些具有代表性的特点。

19世纪中期，俄国文学界围绕艺术是"为人民服务"还是"为艺术而艺术"产生了争论，在翻译领域则表现在不同的翻译选材、译法和对译作的解释上。前者的支持者趋向于选择翻译思想进步的作品，在译法上注重从整体上再现原作；而后者的支持者趋向于选择爱情诗和历史叙事诗，译法上注重个别细节和特点。但总体而言，19世纪中叶占统治地位的是阿·托尔斯泰（А. Толстой）等遵守的折中主义原则，即在忠实或准确性不致损害原文艺术印象的地方尽可能逐字翻译；但如果逐字翻译会在俄文中产生有悖于原文的印象，那就应该抛弃逐字译法。

这一时期，一大批优秀的俄国文学家和文学批评家认识到了翻译对文学发展的重要性，开始谈论有关翻译的问题。这使得俄国的翻译理论研究得到进一步发展。维萨利昂·别林斯基（Виссарион Белинский），是俄国革命民主时期伟大的文学批评家。他在对译作进行评论和批评时也发表了有关翻译的观点：（1）无论原作或译作都必须内容充实；（2）忠于原文在于忠实于原文精神，而不是原文字面；（3）翻译艺术作品，译者本身必须是艺术家等。普希金、茹科夫斯基、别林斯基等评论家所提出的有关翻译的观点在19世纪得到了继承和发展。其中最具代表性的观点有以下三种：（1）关于原文材料的选择，他们认为译者选择原作材料，必须在思想和艺术上有较高要求，应翻译介绍优秀的代表性作品。（2）关于翻译目的，他们赞同别林斯基的观点，认为翻译目的是为读者服务。这里"读者"是不懂原作语言的读者。使一般不懂原文的读者也能如实感受到原文的思想和艺术价值。（3）关于翻译方法，反对逐词死译或形式上过分接近原文，以免破坏语言的明确性和正确性，进而损害译文的准确性。主张较自由地处理原文，对原作精神不任意修改，对原作内容生动正确地加以表达的活译法（谭载喜，2016：144-146）。

总之，不同于西欧翻译理论传统，这一时期俄国翻译家的见解在于用先进思想阐明以下观点：（1）翻译作品首先应该注意思想内容和文学价值；（2）好的翻译必须做到内容和形式的统一；（3）翻译应该为读者服务，注意译文的人民性。在整个西方翻译理论史上，翻译理论第一次明显带有革命思想的色彩。这种色彩在以后的苏联时代得到了更充分的反映，在19世纪后期有所减弱。19世纪后期，俄国翻译实践的规模空前扩大，现当代西欧文学大师的作品被源源不断地译成俄文。

就翻译理论而言，18世纪是西方翻译史上重要的发展时期，理论家们摆脱束缚，提出较为全面、系统且具有一定普遍性的理论模式。法国的巴特从文学和语言学角度，提出了一整套实现准确翻译的原则；英国的坎贝尔和泰特勒从理论的高度先后提出至今仍有参考价值的翻译原则，特别是泰特勒的《论翻译的原则》一书可视为西方翻译史上第一部较为完善的翻译理论专著；俄国的罗蒙诺索夫提出使外来词俄语化，让翻译有益于俄语的纯洁化和统一化。在翻译理论界，英国的阿诺德和纽曼围绕荷马史诗翻译问题的大争论，活跃了学术气氛，丰富了理论研究的内容。19世纪翻译理论研究中心在德国。歌德、施莱尔马赫、洪堡、荷尔德林等从文学和语言学角度对翻译进行多层次的探讨，为翻译研究开辟了新的、科学的途径。19世纪的俄国，翻译理论研究也非常有成效。普希金、茹科夫斯基、别林斯基提出各种文艺学翻译理论和观点，促进了俄国翻译理论的发展。17到19世纪是西方文化发展最为关键的时期。西方主要国家先后经历了产业革命，生产力大发展，资产阶级开始壮大。席卷欧洲的古典主义运动、启蒙运动、浪漫主义运动使得各国之间的文化联系更加紧密。从翻译的趋势上看，《圣经》翻译逐渐退潮。19世纪末，古典作品的翻译也开始退潮。随着西方各国本土文学创作成果频出，许多现当代重要作家涌现出来，这些作家的现当代作品逐渐成为翻译的主要对象。

下编 翻译的历史

第五节 现当代翻译

一、现代翻译概貌（第二次世界大战前）

进入20世纪，西方发达国家的资本主义发展到帝国主义阶段，开始进行全球殖民地扩张，争夺国际市场和势力范围。在这一背景下，各国的翻译事业也在向前发展。

近现代文学作品，特别是俄国和北欧各国作品受到了翻译家的青睐。19世纪末20世纪初，俄国和北欧文学有很大发展，涌现出一大批伟大的文学家和戏剧家，比如俄国的陀思妥耶夫斯基、托尔斯泰、契诃夫，丹麦的安徒生，挪威的易卜生。他们在文学上的巨大成就引起了翻译家的注意，其作品陆续被译成英语、德语、法语等。

另外，这一时期对中国作品的翻译逐渐增多，西方开始出现汉学热潮。西方翻译介绍中国作品由来已久。早在13世纪的元朝，意大利旅行家马可·波罗（Marco Polo）在元朝任职17年回国之后，将自己在中国的所见所闻记录下来，后经人整理出版了《马可·波罗游记》一书。这是西方第一部以第一手资料介绍中国的著作，当时的西方人经由这本书对中国这个遥远的东方国度感到好奇。到了16世纪末，中国作品开始被译成西方文字介绍给欧洲读者。现存最早中国书的西译本是意大利来华传教士麦切利·罗明坚（Michael Ruggieri）译成西班牙语的《明心宝鉴》。后来，中国的四书五经等典籍也被来华传教士陆续译成拉丁语、意大利语、法语等欧洲语言。除了古代典籍，中国的一些古代文学作品和戏剧也被翻译到法国、德国、意大利等国家。这些都为18、19世纪欧洲成为西方的汉学中心打下了基础。这一时期还出现了多位著名的汉学家，比如19世纪英国最负盛名的汉学家和翻译大师詹姆斯·理雅各（James Legge），20世纪英国最卓越的汉学家、作家和翻译家阿瑟·韦利（Arthur Waley）等。

苏联的翻译在这一时期独树一帜。比如，马克思列宁主义成为翻译实践和翻译理论的指南，外国文学的翻译出版有组织性、计划性和系统性，严格按原作的思想、艺术和知识价值确定翻译选题，翻译中普遍遵循忠实、准确、不逐词死译的原则。另外，苏联是一个多民族国家，国内各民族语言之间的互译也得到了极大的发展。

二、当代翻译概貌（第二次世界大战后）

第二次世界大战后，各国努力恢复生产、发展经济。翻译实践和研究都呈现出范围广阔、形式多样、规模扩大、成果丰硕的特点。

从范围上看，在文学翻译之外，全球各个国家在外交、经济、社会、科技等领域的翻译活动迅速发展。这些非文学翻译在翻译市场中份额巨大，其职业化和产业化成了这一时期翻译活动最突出的特点，笔译和口译两大基本类型发展迅猛。

翻译的专业教学和学科发展也跟了上来。随着联合国等各类国际组织、各国专门机构的建立，对职业翻译人员的需求日益增加。不少高等教育机构开始设立专门的翻译院系培养高层次的翻译职业化人才，比如著名的巴黎高等翻译学校、美国蒙特雷国际研究院翻译学校等。翻译资质的专业认证也逐渐规范化和职业化。另外，各国也纷纷成立翻译工作者协会，创办翻译刊物。专家呼吁通过立法手段明确译者的合法地位，主张采取有效措施以保障译者的合法权益，提供优良的工作环境，提高译者的社会地位和经济收入。

第二次世界大战后，计算机技术飞速发展，催生了机辅翻译（Computer-aided Translation）和机器翻译（Machine Translation）。前者是一种半自动化的翻译，语言之间的转化要通过计算机语言学的文本分类、信息检索和提取、语音合成和识别、人机接口等技术来辅助完成，翻译的各个阶段仍然需要人工译员的干预来完成；后者是一种全自动机器翻译。1946年，安德鲁·布思（Andrew Booth）和沃伦·韦弗（Warren Weaver）首次提出把计算机用于机译系统；1950年，第一部自动翻译机器研制成功。以现代电子计算技术为推动力的机器翻译和研究正式拉开帷幕。但由于模仿人工翻译语际转换的机器翻译的结果并不理想，机器翻译在六七十年代陷入发展低谷。

由于80年代计算机软硬件技术的更新换代，90年代以后信息技术、人工智能技术和互联网技术的迅猛发展与融合，机器翻译往前迈进了一大步，在本地化和网络翻译中表现突出。

本地化是指经过适应性调整使产品在规范、语言和文化上适合目标地区。产品的全球化不仅意味着文字的转换，还意味着产品要得到目标文化的认同。全球化的产品要在目标市场里看起来像是本地产品，就必须依靠先进的技术手段来实现现代化的管理和规模经营。本地化主要包括语言问题，即转换成当地的语言版本，也就是翻译；内容和文化问题，也就是经过适应性调整使产品在规范、语言和文化上适合目标地区的市场；技术问题，也就是对当地语言和内容的支持，可能需要重新设计和工程重组。

网络翻译，又称互联网翻译，这是继报刊、广播、电视之后的第四类媒体。网络是一个社交平台，也是一个社会生产平台。网络使得人们的交流和知识、信息的获取海量激增，语言的障碍却会使互联网在多方面遭受损失。广义上讲，和网络相关的翻译都可以称为网络翻译或互联网翻译。但从类型上讲，网络翻译主要包括以下三种：一是翻译互联网，如网页翻译、在线翻译等；二是网助人译，即翻译的辅助工具来自互联网，如在线的翻译软件、电子词典等；三是网民翻译，即翻译活动的参与在网络上进行，网民充分利用网络的交互性、开放性、信息共享等特点，自愿达成翻译合作，如视频字幕、畅销书、游戏、漫画等的翻译。随着出版数字化进程的加快，网络翻译的作用和影响会越来越大。当然，质量管控、版权保护、收益分配等新问题也会随之出现。

思考题：

1. 在西方翻译史上，宗教典籍翻译一直是重要的内容之一。请概括西方的《圣经》翻译史。
2. 13世纪至15世纪是欧洲主要语言形成的关键时期。请以一种欧洲语言为例，说明翻译在民族语形成和发展中的作用。
3. 请结合当代计算机技术和网络的发展，简要描述职业翻译的发展现状和趋势。

第十章　中国翻译史略述

据史书记载，我国从周朝到东汉以前的翻译活动以口译为主，主要出现在中原与周边少数民族的交往中。

《周礼·秋官》记载："象胥，掌蛮、夷、闽、貉、戎、狄之国使，掌传王之言而喻说焉，以和亲。若以时入宾，则协其礼，与其辞，言传之。"在周朝，象胥即译员，兼接待少数民族的使者以及通译的职责。不同少数民族的"象胥"又有不同的官职名称。《礼记·王制》记载："五方之民，言语不通，嗜欲不同。达其志，通其欲，东方曰寄，南方曰象，西方曰狄鞮，北方曰译。"我国历史上出现最早的、具有较大规模的文字翻译活动是佛经翻译。根据马祖毅的《中国翻译简史——"五四"以前部分》，五四前的中国翻译史上有三次高潮，即东汉至唐宋的佛经翻译、明末清初的科技翻译和鸦片战争至五四前后的西学翻译。五四运动之后，根据不同社会历史阶段的特点和翻译发展的特征，又划分为20世纪30年代的中国译坛、20世纪40年代至60年代的中国翻译、改革开放与中国翻译的复兴和新时期的中国翻译事业四个时期。

第一节　东汉至唐宋的佛经翻译

佛教创立于公元前6至前5世纪的古印度。公元前3世纪，孔雀王朝的阿育王大弘佛法，派遣僧徒四出传教。西汉武帝时期，张骞出使西域，听说天竺国有浮屠之教。早在公元65年之前佛教就流传至中国了。佛教传入后在统治阶级中流传并逐渐取得合法地位。佛教徒为宣扬佛教必然要输入印度的佛教经典，于是佛经的翻译活动开始了。

我国的佛经翻译从东汉桓帝末年安世高译经开始，到了魏晋南北朝有了进一步发展，至唐代臻于极盛，北宋式微，元以后则是尾声了。佛经的翻译力量主要为两部分人，一部分是外来僧人，另一部分是西行求法求经的中国僧侣。佛经原文大部分出自印度次大陆各国，其中大部分原语为梵语（Sanskrit），还有巴利语或西域语言。梵语是古代印度的标准书面语，原是西北印度上流知识阶级的语言，与民间所使用的俗语（Prakrit）相对，又称为雅语（Samskrta）。Sanskrit，字面意思为"完全整理好的"，也即整理完好的语言。巴利语（Pali）是古印度的一种语言，公元前6世纪由吠陀语发展而来，属印欧语系印度雅利安语支。它是一种书面语言，见于佛教经典，后来随着佛教的传播流传到缅甸、泰国、斯里兰卡等国。西域语言则指西北和北方各族的语言。

从东汉末年到北宋末年的佛经翻译可分为四个阶段：（1）东汉末年至西晋（148—316年）；（2）东晋至隋末（317—617年）；（3）唐代（618—906年）；（4）宋元时期（954—1111年）（马祖毅，1998：22）。

一、东汉末年至西晋

东汉末年至西晋是中国佛经翻译的初始时期。中国大规模的佛经翻译始于东汉桓帝时期。东汉时期，第一位有记载的佛经翻译家是西域安息人安世高。汉桓帝时期，安世高来传播佛教，译出了早期的一批汉译佛典。传播的主要是小乘佛教的基本教义和修行方法，译有佛经三十余部四十余卷，大部分得以保存流传，其译法偏于直译。第二位佛经翻译家是西域月支人支谶，汉桓帝时期来到洛阳，至灵帝时期译有多部佛经，全属大乘佛教，其译文比较顺畅，也使用音译，力求保全原本的特点。月支僧人支谦是继安世高、支谶之后的译经大师，译经多部，译文文丽简略。到了西晋时期，月支僧人竺法护译经百余部三百余卷，译法质朴。

这一时期翻译佛经以西域僧人为主，汉族知识分子信徒为辅。此时翻译未得到政府的支持，是在民间信徒的资助下分散进行的；翻译往往全凭口授，即由僧人担任"译主"背诵经文，详细解释文本的确切意义，另由他人译成汉语，叫作

"传言"或"度语";再由人做"笔受",即笔录成汉语;最后进行修饰润色,叫作"证义"。这就要求传言者既通晓汉语和梵语,又能理解佛教经典。从翻译方法上来讲,由于这是佛经翻译初期,译经僧侣对佛教经典抱有虔敬的态度,唯恐违背经旨教义,加之翻译经验不足,更不知道要注意译语读者的语言规范,所以多采用直译的方法,译文多有晦涩难懂之处。

佛教是外来的唯心主义神学,被统治阶级加以利用、改造,以适应统治的需要。一方面,统治者迷信神仙方术,就用神仙方术、玄学的思想来改造佛教;另一方面,外来僧人为了便于传教,在佛经翻译中迎合当时的社会风气,常在当时流行的道家著作中寻找名词和概念来介绍和比附佛教的名词和概念。

二、东晋至隋末

汉魏时期,佛教尚未受到统治阶层的重视,统治阶层对其有诸多限制。佛教在中国的广泛流行始于公元4世纪。从东晋至隋末十六国时期,政治局势动荡不安,社会风气颓丧,知识分子逃世思想日盛,方士养生之说大行其道,炼丹以求长生不老之风盛行。这一时期,佛教受到南北统治者的重视和利用,被大肆宣扬以麻醉民众。当时,官方开始建立译场,译经于是由私译转为官译,由个人翻译转为集体翻译。

这一时期的佛经翻译家有南北朝时的高僧释道安。他先后主持译经十余部一百八十余卷,还注释佛典、注经作序,是中国佛教奠基人之一。道安对佛教经典的翻译非常重视,曾组织译场,撰写序言,评定优劣,编辑目录。他提出了"五失本、三不易"的著名论断。

> 译胡为秦,有五失本也:一者,胡语尽倒,而使从秦,一失本也。二者,胡经尚质,秦人好文,传可众心,非文不合,斯二失本也。三者,胡经委悉,至于叹咏,叮咛反复,或三或四,不嫌其烦,而今裁斥,三失本也。四者,胡有义说,正似乱辞,寻说向语,文无以异,或千五百,刈而不存,四失本也。五者,事已全成,将更傍及,及腾前辞,已乃后说,而悉除此,五失本也。

(转引自陈福康,2000:10)

下编 翻译的历史

"五失本"的理论描述的主要是梵语和汉语在词序、句法、风格等方面的差异。这些差异就是翻译困难的原因。马祖毅的解释如下：第一，梵文的词序是颠倒的，译时必须改从汉语语法；第二，梵经质朴，而彼时汉人喜欢华美，要使读者满意，译文必须作一定的修饰；第三，梵经中同一意义，往往反复再三，译时不得不加以删削；第四，梵经于结尾处，要作一小结，将前文复述一遍，或一千字或五百字，译时也得删除；第五，梵经中话已告一段落，将要另谈别事时，又把前话简述一遍，然后再开始，译时则又必须删除（马祖毅，1998：38）。

> 然《般若经》，三达之心，覆面所演，圣必因时，时俗有易；而删雅古，以适今时，一不易也。愚智天隔，圣人巨阶；乃欲以千岁之上微言，传使合百王之下末俗，二不易也；阿难出经，去佛未久，尊者大迦叶令五百六通，迭察迭书；今离千年，而以近意量裁，彼阿罗汉乃兢兢若此，此生死人而平平若此，岂将不知法者勇乎？斯三不易也。
>
> （转引自陈福康，2000：10）

"三不易"也是描述翻译之所以困难的原因。第一，圣人是按当时的习俗来说话的，古今时俗不同，要使古俗适应今时，很不容易。第二，把古圣先贤的微言大义传达给后世的浅识者，很不容易。第三，释迦牟尼死后，弟子阿难造经时尚且非常慎重，现却要平凡的人来传译，也不容易（陈福康，1992：19-20）。

十六国时期，前秦国王苻坚提倡佛教，将其奉为国教，开始有组织地翻译佛经，聘请中外名僧分工合作。他请来释道安成立专门的译经机构——译场，组织众多译经大师从事翻译工作。其中，鸠摩罗什是这一时期最知名、成就最大的佛经翻译家，和真谛、玄奘、不空被并称为四大佛经翻译家。

鸠摩罗什原籍天竺，生于西域龟兹国。他共译佛经近四十部，进一步完善了译场。原来的译场只有"口授""传言""笔受"三个环节，他增加了"校对"这一环节。他主持的译场规模很大，常逾几千人。他主张译完作品之后写上译者的名字，谓"以负文责"。总的来讲，鸠摩罗什的翻译倾向于意译，主张"曲从方言，趣不乖本"，"依实出华"，讲究文字的流畅华美，也忠实地再现了原作的道理，具有"天然西域之情趣"。鸠摩罗什开了佛经意译的先锋，译文妙趣盎然，为中国翻译文学奠定了基础。

隋文帝杨坚统一南北后，结束了西晋末年以来近三百年的分裂局面，北方民族大融合，南方经济发展，使隋代获得了"国计之富者莫如隋"的赞誉，为隋唐盛世的到来奠定了基础。隋文帝登基之后，大兴佛教，设置译场专门译经。

彦琮是隋代著名高僧，精通梵文，也是我国佛教史上屈指可数的佛学家和佛经翻译家。他译经二十余部一百余卷。他所著的《辨正论》批评了前代译经的各种得失，提出"宁贵朴而近理，不巧而背源"，主张译经必须以梵语原本为依据，而不是西域胡语版本。为了给译者制订规范，他以多年译经的实践经验总结了译者做好佛经翻译工作的八个条件，即"八备说"：

诚心爱法，志愿益人，不惮久时，其备一也；将践觉场，先牢戒足，不染讥恶，其备二也；筌晓三藏，义贯两乘，不苦暗滞，其备三也；旁涉坟史，工缀典词，不过鲁拙，其备四也；襟抱平恕，器量虚融，不好专执，其备五也；耽于道术，淡于名利，不欲高衔，其备六也；要识梵言，乃闲正译，不坠彼学，其备七也；薄阅苍雅，粗谙篆隶，不昧此文，其备八也。

（转引自陈福康，2000：28）

以上八个条件都是有关译者的人格修养和学识修养的，这是我国翻译理论史上对翻译主体问题较为全面的最早的论述。

东晋至隋末开始出现由官方组织的译场，参加译经的人数增加。翻译由私译转为官译，由个人翻译转为集体翻译，翻译质量得到提高。较之前的口授、传言、笔受等，这一时期的译场分工更细，增加了记录梵文、正义和校对等程序，每一程序又有数人参加。译场里翻译与讲习相结合，译主不但译经，而且讲经，这种做法一直保留至唐宋时期；这一时期的翻译原本往往不止一种，可以相互校勘，译文更加准确；在翻译理论和技巧上有所发展，出现了道安、鸠摩罗什、彦琮等翻译理论家；南北两方统治者都把佛教作为阶级压迫和民族压迫的工具，客观上促进了佛教的发展。此期提出的佛经翻译的观点和思想，构成了佛经翻译理论的重要内容。

三、唐代

唐代佛教的发展使译经活动受到统治阶级的重视，佛经翻译也在这一阶段达到顶峰。唐朝统治者为巩固统治，一方面减轻对农民的剥削，另一方面特别注意加强对思想意识的统治，对儒家、佛教、道家都加以利用。这一时期是我国佛教的鼎盛时期。唐代的译经基本上由朝廷主持，其成绩是很可观的。从太宗开始就组织译场，历朝相沿，直到宪宗年间才终止。佛经翻译在数量和质量方面，也超过前朝。这一时期佛经翻译的主译者以本国僧人居多，他们通晓汉语和梵语，深晓佛理；译经的计划性很强，多为全译；译场制度更为完备，翻译的司职多达十余种；译经大家辈出，有玄奘和不空两位高僧；翻译在忠实原著方面较以前有很大改观。

唐代佛经翻译实际上集中于贞观至贞元年间，佛教史上贡献最大的佛经翻译家玄奘就活跃在这个时期。玄奘是我国历史上伟大的思想家、哲学家和翻译家。他西行五万里，历时十七年，到印度取真经，一生译经千余卷。回国后第二年玄奘开始组织佛经译场，先是在弘福寺翻经院进行，其后在大慈恩寺、北阙弘法院、玉华宫等处开设译场，先后译出佛经七十五部。玄奘的译著不论从数量还是质量来看都是中国佛经翻译史之最。

玄奘的译经方法介乎直译和意译之间，即"既须求真，又须喻俗"，后人称为"新译"，主要是指他的翻译主张"比较起罗什那样修饰自由的文体来觉得太质"，"比较法护、义净所译那样朴拙的作品又觉得很文"（马祖毅，1998：65）。

玄奘在总结多年佛经翻译的经验之后，提出了"五不翻"原则。他说的"不翻"并不是不翻译，而是"不意译"，即"音译"（transliteration），其初衷是指导集体译经在译名和术语的统一，现在来看也不失为翻译之典范。"五不翻"主要列举了佛经中需要音译的情况：一是"秘密故"不翻，如咒语等。二是"多义故"不翻，如梵语bhagavat（"薄伽梵"）一词具有"自在、炽盛、端严、名称、吉祥、尊贵"等多个意义。这些词具有多种含义，很难找到等同的汉语词。

三是"此无故"不翻,如中国根本没有的事物。四是"顺古故"不翻,以前古人已有译法就顺从,不再另译。五是"生善故"不翻,如"般若",并不直接翻译为"智慧",因为般若的意义高于智慧,更能使人产生尊重而非轻浅的意味。

四、宋元时期

五代时期,佛教曾一度受到限制。到了宋朝,佛教开始复兴。北宋时期,宋太祖曾派人去西域求经,印度也派名僧东来献经传法。宋太祖也曾在开封的太平兴国寺内兴修译经院,专事佛经翻译。虽译场组织极其完备,译经种数几乎接近唐代,但质量却不如唐代。随着佛教在印度的衰落,中国的佛经翻译活动从公元11世纪起迅速衰落,译场时代也随之结束。

中国古代翻译思想是在长达一千多年的佛经翻译活动中逐渐形成的。译经实非简单易行之业,从译师、佛教经典来源,到语言文字、译文体例的选择等,皆为棘手难定的问题。故在译经开展过程中,为因应时代的需要,改进翻译的方法和原则不断被提出。如三国时期支谦的"名物不同、传实不易""因循本旨、不加文饰",东晋道安的"五失本、三不易"之说和"案本而传",东晋慧远的"厥中"论,隋朝彦琮的译家"八备"资格和"宁贵朴而近理,不用巧而背源"原则,唐朝玄奘的"五不翻"译经原则,北宋赞宁的"新意六例"等。虽然与佛经翻译实践相比,佛经翻译理论从数量和分量上都显得不太相称,仅仅散见于较短的序跋文章中,但其所谈及的翻译问题涉及面较广:翻译的困难("五失本""三不易")、翻译的方法("文""质""厥中")、译者的条件("八备")、译名的问题("五不翻")、翻译的文体等,并涉及翻译批评和翻译的集体组织问题。可以说,中国译论从一开始就对翻译的内部研究和外部研究给予了同样的重视,多为印象式、随感式,缺乏清晰的理论框架,但也具有一定的系统性和对实践的指导性。

此外,中国古代佛经翻译理论虽是为外来宗教服务,但并不受其禁锢,而是敢于借鉴本土文论,使之根植于传统文化的土壤。中国古代译论历经千年,发展过程中有兴衰有停滞,但从总体说来,它极大地丰富了中国汉语语言、文学、艺术和哲学思想,对中国文化产生了极其深远的影响。

下编　翻译的历史

第二节　明末清初的西方科技翻译

明朝末年，沿海倭寇作患，北疆也受到威胁。朝廷腐败，内外交困。统治者不断加重对人民的剥削，加上连年的灾荒，广大人民处于水深火热之中。这一时期，一方面，与政治专制主义相适应的文化专制主义继续控制整个社会思想，另一方面，在动荡的政治经济形势下又滋长出一些新的社会观点。总的来讲，封建社会在这一时期走向衰落。

16世纪是世界地理大发现和西方殖民主义发展的世纪，也是欧洲宗教改革的时代，各种新的神学思想出现。在欧洲，科学开始萌芽，哥白尼发表日心说、麦哲伦环绕世界航行，但这些科学萌芽却受到欧洲教会教条主义的严重打击。14至16世纪的欧洲文艺复兴给欧洲带来科学与艺术的革命，揭开了欧洲近代历史的序幕，结束了欧洲的黑暗时代，被认为是中古时代和近代的分界。在宗教方面，马丁·路德在德国改革教会，创立新教。同时，西班牙依纳爵·罗耀拉（Ignatius Loyola）应当时基督新教的宗教改革之需，成立耶稣会，获得了罗马教廷教宗的许可，为天主教的主要修会之一。耶稣会最主要的任务是教育与传教，在欧洲兴办大学。17世纪，英国资产阶级革命确立了资本主义生产关系，法国掀起的启蒙运动和法国资产阶级革命的完成，促使西方资本主义以更大的规模发展。

近代的"西学东渐"是指近代西方学术思想向中国传播的历史过程。通常是指在明末清初和清末民初两个时期，西方国家的科学、人文、社科方面的学术思想传入中国。在西学东渐的过程中，以来华西人、出洋华人、各种报刊、书籍，以及新式教育为媒介，以澳门、香港等通商口岸为窗口，西方的哲学、天文、物理、化学、医学、生物学、地理、政治学、社会学、经济学、法学、应用科技、史学、文学、艺术等作品大量传入中国，对中国的思想文化、政治和社会经济产生了重大影响。明末清初以翻译西方科技著作为主流的翻译活动，影响十分深远，不仅催生了中国近代科技萌芽，而且也一再冲击封建社会禁锢多年的思想界。

明万历年间，随着耶稣会传教士的到来，中国的学术思想界受到触动。此时西方科学技术迅速发展，传教士在传播基督教教义的同时，也传入自然科学知识和技术。当时中国的统治阶级接受了科学技术上的知识，但是在思想上基本没有受到影响。清雍正禁止天主教，罗马教廷改变来华传教政策，但西学传入并未完全中止。此时的西学传入以传教士和国人合作翻译西方科学著作为主，规模较小。

1540年耶稣会成立不久就派遣多位传教士到东方传教。1580年，意大利传教士罗明坚借贸易之名来到广州，后在广东肇庆修建了教堂；随后，罗明坚又将利玛窦（Matteo Ricci）带到中国。利玛窦在中国通过讲学、谈话、拜访等，向中国人介绍西方的自然科学知识；后来在北京结识了士大夫阶层的知识分子，并且开创了和中国人合作翻译介绍西方科技文献的先河。徐光启与利玛窦合译的《几何原本》、李之藻与利玛窦编译的《同文算指》，是中国最早编译的西方数学著作。利玛窦是第一批到中国的传教者之一。他阅读中国文学、钻研中国典籍，除传播天主教教义外，还广交中国官员和社会名流，传播西方天文、数学、地理等科学技术知识。他先后与徐光启、李之藻合作译书二十余种，还首次将四书译成拉丁文。他的著述对中西交流做出了重要贡献，在中国学术史上占有重要地位，也是欧洲汉学的奠基人。

除利玛窦之外，陆续有金尼阁（Nicolas Trigault）、艾儒略（Giulio Aleni）、汤若望（Johann Adam Schall von Bell）、熊三拔（Sabbatino de Ursis）、庞迪我（Diego de Pantoja）、龙华民（Nicholas Longobardi）等耶稣会传教士和中国知识分子合作，翻译和著述了大量光学、力学、天文、地震、医学等西方科技知识书籍。

耶稣会是欧洲各殖民帝国的先遣队，他们到了东方，发现中国仍然力量强大，仅凭武力不足以打开大门，于是在日常生活中进行了大量的文化和宗教活动。在中国和欧洲处于相互隔绝的状态下，耶稣会士成为中西两大文明交流的中间人。耶稣会士在到中国传教的同时著书译作，这在客观上具有积极作用。他们的翻译活动促成了中国历史上的第二次翻译高潮。另一方面，明清的中国皇帝对欧洲传教士一般采取宽容态度，使其得以在中国立足；士大夫阶层对耶稣会士学习汉语也提供了协助，对其译稿进行笔录、润色、作序介绍，并将其印刻流传。

下编　翻译的历史

第三节　清末民初的西学翻译

19世纪末，西方各国陆续发起了资产阶级民主改革，完成了从封建主义国家到资本主义国家的嬗变；大规模的工业革命推动了资本主义社会生产力的快速发展，实现了从农业经济向工业经济的转变。随着经济的发展，西方各国对资本与市场扩张的需求增强，凭借其强大的国力在世界范围内开始了以掠夺资源和市场为目的的殖民扩张。

而这一时期，由于清王朝长期的文化专制和闭关锁国，中国的社会、经济和文化发展甚缓，国势渐微，逐渐落后于处于资本主义上升阶段的西方各国。以农业经济为基础、以宗法家庭为背景、以儒家伦理道德为核心的封建文化已经难以适应和支持近代中国社会的发展。1840年至1842年的鸦片战争结束了清王朝长达两百年的闭关自守统治，中国逐渐沦为半殖民地半封建国家。

在民族危亡的时刻，一大批忧国忧民的爱国志士一方面同封建阶级的旧文化决裂，另一方面开始谋求救国复兴之路。他们对西方文化的引进从技术到科学、从实业到文化、从制度到思想逐渐转移，把目光投向推动西方资本主义社会发展的自然科学、哲学和社会科学知识。在这一时期，翻译和传播这些资产阶级的自然科学和社会政治学说成为中国近代向西方国家寻求救国道路和发展真理的不二选择，从而掀起了中国近代翻译史上的第二次西学翻译高潮。

一、洋务派的西方自然科技翻译

在两次鸦片战争和太平天国农民起义的双重打击之下，清政府的封建统治岌岌可危。封建地主阶级出于自救发起洋务运动，在中央以清贵族恭亲王奕䜣为代表，在地方以官僚军阀曾国藩、李鸿章、左宗棠、张之洞为代表。洋务派提出"中学为体、西学为用"的口号，希望利用西方先进的科学技术和物质文化维护封建统治，但不能触动封建社会制度和文化制度。

林则徐在广东禁烟期间，曾设立译馆，组织翻译西文书报，他所编译的《四洲志》成为中国近代最早介绍外国的文献；魏源编辑《海国图志》一百卷介绍西方各国历史地理状况，主张学习西方的先进科学技术，提出"师夷长技以制夷"的主张。他们都是中国近代向西方寻求真理的先行者。洋务运动时期的西学翻译多为兵工科技之类,其"枪炮火药与轮船相维系,翻书与制造相表里,皆系今日要图,不可偏废"的翻译指导思想贯穿始终;另外,清政府创建了许多近代学堂和翻译机构,如京师同文馆(1862年)、江南制造总局翻译馆(1867年)等,组织中外人士合作翻译了大批自然科学和社会科学书籍,培养了以李善兰、华蘅芳、徐寿等为代表的一批科技翻译家,介绍了西方的先进科学技术,推动了清末科技发展和社会改革。

洋务派在中国兴办近代工业企业,筹办海防,不得不在工业技术、资本乃至管理上受帝国主义的左右和牵制,因而不可避免地在一定程度上使帝国主义对中国政治、军事和经济的控制加深。在外交活动中,洋务派坚持"外须和戎",他们所创办的近代企业有抵御外侮和"稍分洋人之利"的作用。与此相似,这一时期的翻译活动多为中外人士共译,各译书机构多聘请外国传教士或汉学家担任教习或主持馆务,与中国教习合作从事翻译工作,如曾任江南制造总局翻译馆教习和主持馆务的英国传教士傅兰雅(John Fryer),曾设上海墨海书馆(1843年)的英国汉学家伟烈亚力(Alexander Wylie)等。

二、维新派的西方社科经典翻译

甲午战争的战败标志着洋务运动的失败。而日本自明治维新以来效法西方,国力猛增。这促使以康有为、梁启超为代表的资产阶级维新改良派以救亡图存为目的,提出了对中国传统的封建专制制度进行改革的维新变法主张。他们将救亡图存的希望转向学习西方资产阶级的社会政治学说,主张废除科举、改革教育、提倡新学,学习西方资产阶级的社会政治学说,革新治国之道。

这一时期,中国人对近代知识的探求从西方的枪炮轮船转向近代自然科学体系,从世界地理历史转向资产阶级的政治思想学说。这一知识结构上的转变,特别是政治上的制度革新和观念上的弃旧向新具有一定的革命性和思想解放的重要意义。

他们在各地广设译馆,大量翻译西方各类书籍:主要包括资产阶级民主主义理论,特别是天赋人权和所谓"民权平等之说"、资本主义上升时期的自由主义与功利主义的学说,以及自然科学及其方法论等;译著数量庞大,质量上乘,出现了辜鸿铭、梁启超、严复、马建忠、林纾等一大批杰出的翻译家和翻译理论家。

严复是向西方探求真理的启蒙思想家的代表，又是中国近代史上学贯中西、具有划时代意义的翻译家。梁启超认为："西洋留学生与本国思想界发生影响者，复（严复）其首也。"胡适也说，"严复是介绍近世思想的第一人"。严复从1895年始译赫胥黎的《天演论》至1914年，在近二十年的时间里，翻译了西方资本主义国家社会、经济、政治制度相关的社会科学名著约二百万字。其中最著名的是"严译八大名著"，包括赫胥黎的《天演论》（Evolution and Ethics and Other Essays），斯密的《原富》（Inquiry into the Nature and Cause of the Wealth of Nations），斯宾塞的《群学肄言》（Study of Sociology），甄克斯的《社会通诠》（History of Politics），耶方斯的《穆勒名学》（A System of Logic），《名学浅说》（Primer of Logic），孟德斯鸠的《法意》（De L'esprit des Lois）和穆勒的《群己权界论》（On Liberty）。这些著作都是反映西方资本主义国家社会、政治、经济制度的重要的社会科学名著，体现了一套相对完整的治国思想体系。在翻译思想方面，严复提出了"信、达、雅"的翻译原则和标准。这是中国传统翻译的理论核心，也是中国传统译论的纲领。他在《天演论·译例言》中对此进行了精辟的厘定："译事三难：信、达、雅。求其信，已大难矣！顾信矣，不达，虽译，犹不译也，则达尚焉。"这一时期，严复翻译所用的是"汉以前字法、句法"的文体及语言形式，他认为这样的文体最利于表达高深的内容。这也充分体现了当时代表知识分子的士大夫特权阶层的权力意志。在分析其西学译作读者的身份时，严复也同样从现实时局的客观条件出发，特别强调其所翻译的是"学理邃赜之书也，非以饷学僮而望其受益也，吾译正以待多读中国古书之人"（转引自罗新璋，2009：207）。

晚清时期，不少知识分子已经意识到对封建文化盲目自信的危害。孙宝瑄说："中国无实学，无论辞赋讲读，甘蹈无用。即名为治经济家，往往纸上极有条理，而见诸实事，依然无济，不核实之病至此。"康有为说："士知诗文而不通中外，为当今大弊。"梁启超说："词章乃娱魂调性之具，偶一为之可也；若以为业，则玩物丧志，与声色之累无益。"此时，翻译域外小说也成了这些学者改变社会的希望之一。严复说："且闻欧美、东瀛，其开化之时，往往得小说之助。"林纾说："吾谓欲开民智，必立学堂；学堂功缓，不如立会演说；演说又不易举，终之惟有译书。"梁启超在《论小说与群治之关系》中提出："今日欲改良群治，必自小说界革命始；欲新民，必自新小说始。"这些都表明，当时的知识分子也将救国图存、启蒙民智寄托于文学的教化功能。

文学翻译家林纾用近30年的时间，与他人合作，翻译西方各国小说180余种，字数达1200万。康有为曾评价说："译才并世数严林，百部虞初救世心。"（《琴南先生写〈万木草堂图〉，题诗见赠，赋谢》）虽然林纾翻译小说不像严复的翻译一开始就有很强的政治目的，但作为赞成变法改良、救亡图存的知识分子，他相信"欲新一国之民，不可不新一国之小说"（梁启超语）。鉴于这一小说之于社会的重要作用，他想通过翻译小说来"寓其改革社会，激动人心之雅志"（陈熙绩《歇洛奇案开场叙》）。他是中国近代大量译介西洋文学作品的第一人，是近代文学翻译的先行者和奠基人。林纾翻译小说始于1897年，他与精通法文的王寿昌合译法国小仲马的小说《巴黎茶花女遗事》（La Dame aux Camelias）。这是被介绍到中国的第一部西方小说，为国人之所未见，一时风行全国，"不胫走万本"，备受赞扬。此书向中国读者展示了西方优秀的文学作品，也让知识分子感受到域外文学的巨大魅力。之后，他受商务印书馆的邀请专译欧美小说，先后共译作品180余种，包括美国、英国、法国、俄国、希腊、德国、日本、比利时、瑞士、挪威、西班牙等国的作品。其中不乏西方文学名著，比如斯托夫人的《黑奴吁天录》（Uncle Tom's Cabin，今译《汤姆叔叔的小屋》）、斯各特的《撒克逊劫后英雄略》（Ivanhoe，今译《艾凡赫》）、笛福的《鲁滨孙飘流记》（Robinson Crusoe，今译《鲁滨逊漂流记》）、斯威夫特的《海外轩渠录》（Gulliver's Travels，今译《格列佛游记》）、欧文的《拊掌录》（The Sketch Book，今译《见闻札记》）、狄更斯的《块肉余生述》（David Copperfield，今译《大卫·科波菲尔》）等。林纾译书的速度是他引以为豪的，常常是"口述者未毕其词而纾已书在纸，能限一时许译就千言，不窜一字"（陈衍《林纾传》，见江中柱，2020：560）。

实际上，在动荡多变的年代，近代中国知识分子总是抱着一种复杂的心态看待西方文化和自己的传统文化：一方面，面对国家的积贫积弱，要么对传统文化全盘否定，痛心疾首，要么故步自封，逃避现实；另一方面，对于西方文化也缺乏理性的态度，要么站在民族主义的立场盲目排外，要么站在欧洲中心主义的立场，冒着被文化殖民的巨大风险，唯洋是从。这种非此即彼的二元思想长期影响着中国知识分子对中国文化的身份认同。严复的"体用一致"观点实际上体现了中西文化的精神层次的出路。

近代的中西文化交流虽然可以看作中国社会内部由内而外的救国图存之路，但究其主要动因还是在外部强大的压力下，即西方各国的侵略下，不得不向西方文化寻求出路。晚清时期，虽然中国在经济和军事上处于明显的劣势，但是顽固的封建文化仍然把持本土文化和思想意识形态的话语权。"中学为体，西学为用"既体现了现实之需，又体现了对文化的保守主义思想。翻译中对传统体例和语言的使用，就是传统民族文化和思想意识仍然拥有话语权的体现。尽管如此，这种交流给中国社会所带来的从知识结构到政治制度各方面的彻底更新成为推动中国近代化的主要动力。国人在此期间对传统文化的反思和批判，为五四新文化运动打下了思想基础。

第四节 五四时期的西方文化翻译

一、国际国内背景

辛亥革命推翻了清王朝的统治，结束了数千年的君主专制制度，建立了中国历史上第一个资产阶级共和国——中华民国。但是反帝反封建的任务并没有完成。中外反动势力扶持袁世凯窃取了革命的果实，北洋军阀的黑暗统治开始了。袁世凯倒台后，中国出现了军阀割据的混乱局面。1917年，孙中山发起护法运动，出兵北伐，开始了护法战争，形成了南北对峙的局面。北洋军阀其实代表的是地主阶级和买办阶级的利益。在帝国主义的支持下，各地军阀大肆扩充军队，给人民带来了深重的灾难，封建主义与人民大众的矛盾进一步激化。与此同时，民族资本主义获得了极大发展，为新的政治力量的增长和革命运动的发展打下了社会基础。

辛亥革命失败后，西方列强支持袁世凯称帝，加紧侵略中国。为改变这种局面，中国先进分子开始寻找新的出路；中国新兴的资产阶级强烈要求在中国实行民主政治，发展资本主义。随着新式学堂的建立，留学风气日盛，西方启蒙思想被介绍到中国，辛亥革命使民主共和的思想深入人心，袁世凯"尊孔复古"的逆流为民主知识分子所不容。经过辛亥革命，先进的知识分子认识到，革命失败的根源在于缺乏民主共和的意识，必须从文化思想上批判封建思想和封建意识，通过普及共和思想来实现真正的共和政体。因此，新文化运动的出现既是当时特定历史时期经济、政治、思想文化诸因素综合作用的产物，也是近代中国经历长期物质和思想准备的必然结果。新文化运动既是一场思想革命，也是一场文学革命。作为思想革命，它倡导民主和科学、反对专制和愚昧，提倡新道德、反对旧道德。作为文学革命，它倡导新文学、反对旧文学。新文化运动前期实质是资产阶级的新文化反对封建旧文化的斗争，后期极力宣传马克思主义。

陈独秀早年留学日本，曾加入孙中山领导的同盟会，参加了辛亥革命和反对袁世凯复辟帝制的斗争。1915年，陈独秀在上海创办《青年杂志》（后改为《新青年》），高举"民主"和"科学"这两面旗帜，发表抨击"尊孔复古"的文章。他在创刊号上发表《敬告青年》一文，向封建主义及其意识形态发动了进攻。在"德先生"（"德莫克拉西"，Democracy，"民主"指民主思想和民主政治）和"赛先生"（"赛因斯"，Science，"科学"主要指近代自然科学法则和科学精神）的口号中，资产阶级宣扬民主，反对封建专制，把斗争矛头直指封建专制的理论支柱儒家思想，反对封建迷信和愚昧。

提到《新青年》不得不提到鲁迅。鲁迅早年留学日本，1909年回国后，他先后在浙江多所学堂任教。辛亥革命后鲁迅应蔡元培之邀来到南京，在中华民国临时政府教育部任职，后随临时政府迁至北京，继续在教育部任职。在北京工作期间，他参加《新青年》的编辑工作和新文化运动，结识了李大钊、陈独秀等人。他以自己犀利的杂文和新颖的小说为新文化运动摇旗呐喊。1918年5月，他第一次以"鲁迅"为笔名，在《新青年》上发表长篇白话小说《狂人日记》，揭露封建制度"吃人"的本质。

中国几千年来的传统文学一直以文言文为主。虽然文言文用词简练、韵律优美，但对韵律的严格要求在一定程度上会限制思想的表达。在西方思想大量涌入的清末民初，文言文的表达就显得力不从心。林纾所译小说的"古文"在句法和词汇上已经自由多了。林纾之后，很多译者翻译域外小说也采用"半文半白"的语言。随着西方思想的输入，从翻译得来的新字词和新语法，更能充分表达这些复杂的思想。1917年,伟大的俄国十月社会主义革命震动了全世界,也照亮了中国革命的道路。《新青年》应社会形势发展的需要,以大量篇幅发表了宣传俄国十月革命的经验和社会主义理论的文章。1918年11月,《新青年》发表了李大钊撰写的《庶民的胜利》《布尔什维主义的胜利》两篇著名论文,热烈欢呼俄国社会主义革命的胜利。

第一次世界大战是一场主要发生在欧洲并波及全世界的世界大战。当时世界上大多数国家都卷入了这场战争。战后,各国于巴黎凡尔赛宫召开会议,称为"巴黎和平会议"。日本侵占了战前属德国势力范围的中国胶州湾和山东半岛。北京政府和广州军政府联合组成中国代表团,以战胜国身份参加巴黎和会,提出取消列强在华的各项特权,取消日本帝国主义与袁世凯订立的"二十一条不平等条约",归还大战期间日本从德国手中夺去的山东各项权利等要求。在帝国主义列强操纵下,巴黎和会无理拒绝中国的要求,把德国在山东的特权全部转让给日本,这一消息成为五四运动的导火线。

五四运动是新文化运动的继续和发展。新文化运动不仅为五四爱国运动作了思想上的准备,也使社会主义思潮逐渐代替资产阶级思潮成为运动的主流,并在思想上和干部上为中国共产党的成立作了准备。五四运动是中国旧民主主义革命的结束和新民主主义革命的开端,中国革命从此进入了一个新的历史时期。五四运动是中国革命史上具有划时代意义的事件,中国工人阶级从此登上了政治舞台,拉开了中国新民主主义革命的序幕。

二、主要翻译活动

在20世纪20年代初,中国的欧美留学生有千余人。五四前期回国的大批留学生带来了西方的新思潮和新思想。五四前后,中国掀起了一股介绍西方思想文化的热潮,五四新文学的先驱者绝大部分是以翻译和介绍外国文学开始自己的文学生涯的;同时,20世纪西方哲学的众多流派也被翻译和介绍到中国。随着五四新文化运动的蓬勃发展,中国的翻译事业,特别是文学翻译,进入了继清末民初西学翻译后的又一次翻译高潮,无论在翻译的数量和质量还是其影响范围上都是前所未有的。雨后春笋般出现的文学团体和刊物积极译介和出版外国文学作品,一大批先进的革命知识分子成为这一时期翻译事业的主要力量,同时明确了这一时期我国翻译事业现实主义的发展路线。这一时期翻译事业的繁荣使翻译理论界出现了百家争鸣的局面。在此期间，翻译界出现了有关白话文与直译、意译之间的关系，"信顺之争"，形似与神似的讨论，引起很大反响，从而推动了中国传统翻译思想发生重大转折。

1. 《新青年》与外国文学译介

《新青年》于1915年在上海创刊，是新文化运动兴起的标志。《新青年》坚持"世界的而非锁国的"的原则，对外国文学的各种流派和作家采取开明的态度，先后译介了俄国的托尔斯泰、屠格涅夫、契诃夫，法国的莫泊桑，英国的王尔德，印度的泰戈尔等人的代表性作品，还译介了苏联的高尔基、卢那察尔斯基的文学论文。此外，还发表了陈独秀、周作人、胡适、沈雁冰等介绍西方文学流派和作家的多篇论文。这些译介作品对于推进文学革命和新文学创作的发展起到了十分积极的作用。《新青年》从第四卷第一号起改版，改为白话文，使用新式标点，倡导其他刊物"提倡白话文"运动，标志着反封建的新文化战线的形成。这一时期，除了继续译介欧美现实主义作品，大量俄国作品和被压迫民族的文学作品也相继翻译面世。

2. 马克思主义在中国的早期翻译与传播

马克思主义著作主要是指早期的马克思主义理论奠基人马克思、恩格斯，苏维埃共和国的缔造者和开拓者列宁、斯大林这四位代表人物的主要著作。这些著作的翻译是现代中国思想启蒙的重要环节。中国人了解、学习和接受马克思主义主要就是从阅读这些马克思主义著作译著开始的。五四运动后，在马克思主义的影响下，一批先进知识分子走上共产主义革命道路。马克思主义在中国的早期传播时期包括新旧民主主义革命、五四前后这两个时期，也就是从19世纪晚期到20世纪初马克思主义传入中国之初，到20世纪20—40年代马克思主义中国化的重要时期。马克思主义在中国的早期传播时期中，大批译者和译作在宣传和传播革命思想方面起到了十分重要的作用。以《新青年》为代表的一批新文化刊物大量刊摘科学社会主义著作，许多进步人士和革命者也开始翻译马克思主义著作。著名翻译家陈望道于1920年首次全文翻译的《共产党宣言》，是五四新文学运动时期一个重要的翻译活动，为当时进步的知识分子学习研究马克思列宁主义提供了重要文本，极大地推动了马克思列宁主义在中国的传播。

3. 文学研究会和创造社的论争

成立于1921年的文学研究会是中国现代史上第一个成员较多的新文学社团，翻译了大量的外国优秀文学作品和文学理论。郑振铎、沈雁冰（茅盾）等主要成员较早接受社会主义思潮的影响，继承了《新青年》提倡的现实主义。他们重视文学的社会功能，强调翻译的目的，认为翻译与创作一样甚至更加重要。因而，文学研究会十分重视对外国文学的研究介绍。他们的目的一是介绍外国的文艺以促进中国新文学的发展，二是介绍外国的现代思想。他们重点翻译俄国（包括后来的苏联）、法国、北欧及东欧诸国，日本、印度等国的现实主义代表作。

创造社也是五四新文学早期的文学团体之一，成立于1922年，其成员大多早期在国外留学，如郭沫若、成仿吾、郁达夫，受浪漫主义和唯美主义的影响。早期的创造社主张自我表现和个性解放，强调文学应该重视"内心的要求"，主张"为艺术而艺术"。他们介绍和翻译的欧洲18世纪启蒙主义、19世纪浪漫主义文学作品也充分表达了人道主义精神和个性思想的解放。

文学研究会和创造社在20年代发生了一场有关翻译与创作的关系、翻译的目的、直译与意译等翻译问题的大论争。

4. 弱势民族文学的译介

无论从译介的数量还是国别的分布来讲，20世纪20年代都是弱势民族文学译介最繁荣的时期（宋炳辉，2007：40）。虽然在五四时期，相对于英、法、美、德等西方强势民族文学的译介来讲，弱势民族文学的译介并不是主流，但其顺应了当时中国的民族自强意识和认同意识，具有进步意义。这一时期最早有意识地提倡和译介弱势民族文学的是鲁迅和周作人两兄弟。1909年，他们翻译的《域外小说集》在日本东京出版，共收入短篇小说译作16篇，其中包括波兰、芬兰、波斯尼亚、丹麦、挪威等国家的作品。后来，在他们的影响下，文学研究会也成为译介弱势民族国家文学作品的重要阵地。

第五节　20世纪30年代的中国译坛

一、国际国内背景

1927年到1937年，以蒋介石为首的国民党新军阀统治中国。他们代表城市买办阶级和乡村豪绅的利益，对外投降帝国主义，放弃孙中山反帝、联俄的对外主张，实行亲帝、反苏的外交政策；对内实行一党专政的独裁统治，残酷压迫和剥削人民。在帝国主义的支持下，国民党建立了庞大的反动武装，实行军事独裁。国民党在经济上维护封建剥削制度，依靠国家政权力量聚敛大量财富，逐步形成以蒋、宋、孔、陈四大家族为代表的官僚垄断资本。官僚资本垄断了全国的经济命脉，严重阻碍了中国社会经济的发展。工人阶级、农民、小资产阶级及民族资产阶级的政治和经济权利被剥夺，国内社会阶级矛盾十分尖锐。1927年，国民党当局一方面向革命根据地发动军事"围剿"，另一方面在上海等城市进行文化"围剿"，残酷镇压人民革命运动，剥夺人民的民主自由权利，扼杀新兴的进步文化。中国革命在这一时期表现为农村革命的深入。反"围剿"和反侵略成为当时中国人民迫切的政治要求，也是这一时期文学运动和文学创作的一个重要内容。随着中国现代工业的进一步发展，中国的无产阶级力量不断壮大，到1919年产业工人已发展到200万人左右。1921年中国共产党正式成立，新民主主义革命进入了新阶段。左翼文化运动的不断壮大、马克思主义文艺理论的传播和抗日救亡文学的思潮，推动了这一时期以无产阶级革命文学为主的多种形态文学思潮的兴起和发展。

20世纪20年代，世界环境相对和平。第一次世界大战后，欧洲各国致力调整国内经济政策，生产力一度得到较大发展。之后，资本主义生产关系又阻碍了生产力的进一步发展。30年代，资本主义世界爆发了一场空前的经济危机，资本主义经济受到严重打击，资本主义制度的各种矛盾进一步激化。各帝国主义国家将危机转嫁到殖民地国家，加紧对各殖民地在政治、经济、文化各方面的侵略。日本试图将中国变为它的殖民地，于1937年全面发动侵华战争。这时，民族矛盾上升为社会主要矛盾，国共合作发起抗日救亡运动。资本主义世界爆发的经济危机给无产阶级和知识分子带来巨大的震撼。苏联在20世纪初建立了红色政权，其新经济政策显示出社会主义阵营的优势,共产国际的影响扩大。由此,代表无产阶级革命文学的苏联文艺成为世界文艺革命的先锋,不仅苏联、日本的无产阶级文学运动势不可挡,法国、美国等欧美国家的左翼文学运动也开展得有声有色。

在中西文化的接触中,一大批中国的新型知识分子和西方知识分子在促进文学艺术领域的中西文化交流中著书立说,发挥了极其重要的作用。西方文化的输入客观上给残存的中国封建文化带来了极大的冲击,也为中国新文学和新文化的产生提供了有利条件。日本发动侵华战争,民族危机日益加重,文学领域内出现了抗日救亡文学思潮。作家创作了大量的新文艺作品,表现了中国人民抗日救亡的爱国热情,显示出无产阶级革命文学艺术的勃勃生机。在翻译方面,翻译家一方面译入国际反战文艺作品和战争文学,另一方面也向国外译介中国的作品,以宣传中国抗战,寻求国内外反战人士的共鸣。

二、主要翻译活动

这一时期,西方国家已步入现代化进程,初步实现了工业化,而中国尚处于初步发展状态。因此,尽管这一时期也有中国文化的对外传播,但文化交流的主要趋向仍然是西方文化输入中国。这一时期文化交流的主体为以留学生为代表的中国新型知识分子,以及来华访问的外国学者和作家,如泰戈尔、萧伯纳、杜威、斯诺等。他们带来了西方的现代哲学和文学、现代自然科学、现代教育理念,同时也向西方世界介绍中国革命和抗日战争,为中外文化交流做出了贡献。这一时期文学艺术交流范围广泛,内容丰富。在文学翻译方面,既有西方发达国家的作品,也有被压迫的弱小民族国家的作品。翻译文学体裁包括小说、诗歌、剧本、散文、报告文学等,文学理论、文学批评等相关作品也被译成中文;五四以来的新文学作家在这一时期继续创作与翻译,翻译的队伍逐渐扩大,中国的文学艺术特别是古典文学和传统戏剧等也被介绍和传播到国外。下面分几个专题介绍一下此间的活动。

1. 左联及其翻译群体

左联是中国左翼作家联盟的简称,是中国的现代文学艺术团体。第一次国共合作破裂后,革命文学运动的发展要求成立联合团体,以与国民党进行文艺思想领域的斗争。左联遂于1930年3月2日在上海成立,其宗旨是联合一切进步力量,反对国民党的文化"围剿",推动革命文学运动的发展。先后担任过左联领导的有鲁迅、夏衍、田汉、茅盾、冯雪峰、丁玲、胡风等。左联在组织上接受中共中央宣传部文化工作委员会领导,内有中共组织的党团,潘汉年、冯乃超、冯雪峰、阳翰笙、丁玲、周扬等先后担任过党团书记。左联盟员起初有五十多人,后发展到数百人,包括作家、教师、学生、职员等。左联通过其机关刊物《萌芽月刊》《文学》《文学月报》等大力宣传马克思主义文艺理论,并以此指导实践,批评各种错误文艺观点,批判国民党的反动文艺政策。因此,左联一成立就遭到国民党当局的镇压,从取缔组织、查禁书刊,直到通缉、拘捕、杀害盟员和革命文艺工作者。左联成员在创作上取得了很大成就,体现了鲜明的时代色彩,茅盾、丁玲的小说,田汉、夏衍的剧作影响较大。左联还培养了一批文学新人,如沙汀、艾芜、艾青等。在中国共产党的领导下,左联与其他革命团体一起粉碎了国民党的文化"围剿",培养了一支革命文艺大军,为中国无产阶级文艺运动做出了重大贡献。

左联专门成立了马克思主义文艺理论研究会,组织人员继续翻译马克思主义文艺论著多达一百余种,同时还译介了许多苏联的社会主义、现实主义作品和其他国家进步文学作家的作品。其中,鲁迅、瞿秋白、茅盾、郭沫若、夏衍等贡献最大。左联的成立不仅标志着中国现代文学的重大转折,而且也标志着翻译文学进入了重大发展阶段。作为当时革命文学运动和翻译文学事业的中心,它团结进步的文学翻译工作者,在翻译马克思主义文艺理论、苏联文学作品以及各国进步文学的同时,开展翻译理论研究,培养了大批翻译人才,推动了翻译文学和中国翻译事业的发展。

2. "信顺之争"

20世纪30年代中国译坛历时最久、最激烈的是翻译标准的"信"与"顺"之争。主张"宁顺而不信"的一方以赵景深为代表。他在1931年3月《读书月刊》上发表《论翻译》一文,提出"我以为译书应为读者打算;换一句话说,首先我们应该注重于读者方面。译得错不错是第二个问题,最要紧的是译得顺不顺。[……]所以严复的信、达、雅三个条件,我认为其次序应该是达、信、雅。"

（转引自罗新璋，陈应年，2009：337）

随后，瞿秋白在给鲁迅的信中批判了赵景深"宁错而务顺，毋拗而仅信"的翻译主张："第一，他的所谓'顺'，既然是宁可'错'一点儿的'顺'，那么，这当然是迁就中国的低级言语而抹杀原意的办法。这不是创造新的言语，而是努力保存中国的野蛮人的言语程度，努力阻挡它的发展。第二，既然要宁可'错'一点儿，那就是要蒙蔽读者，使读者不能够知道作者的原意。"（转引自罗新璋，陈应年，2009：337）鲁迅在给瞿秋白的回信中将译书的对象进行了区分，并进一步阐述：针对不同的读者，译文的语言特点也应有区别。他说："我们的译书，还不能这样简单，首先要决定译给大众中的怎样的读者。将这些大众，粗粗的分起来：甲，有很受了教育的；乙，有略能识字的；丙，有识字无几的。［……］至于供给甲类的读者的译本，无论什么，我是至今主张'宁信而不顺'的。［……］不但在输入新的内容，也在输入新的表现法。"在鲁迅看来，一边输入，一边消化，对"不顺"的容忍实际上为了"占为己有"，从而改变中文语法和思路不太精密的缺点（罗新璋，陈应年：2009：345-346）。后来，瞿秋白再次回信，将鲁迅的"宁信而不顺"的翻译原则沿用到对现代中国文的发展上。他提出"绝对用白话做本位来正确的翻译一切东西"的原则："一方面和原文的意思完全相同（'信'），别方面又要使这些句子和字眼是中国人嘴里可以说出来的（'顺'）。'信'和'顺'不应当对立起来。"他认为鲁迅所说的"容忍多少的不顺"的态度是不可取的，"最重要的问题是：要创造新的表现方法，就必须顾到口头上'能够说得出来'的条件"（转引自罗新璋，陈应年，2009：351-352）。可以看出，当时"宁信而不顺"翻译原则的提出，以及"信""顺"的辩证关系讨论，并不仅仅是关于翻译方法的讨论，还更多关涉民族语言的改造，在当时的社会时代语境下具有深刻的文化内涵和意义。

3．《译文》杂志

1934年，在鲁迅和茅盾的倡议和组织下，《译文》在上海创刊。《译文》是中国第一本专门介绍外国文学的杂志，是当时反文化"围剿"的新阵地，培养和壮大了进步的文学翻译队伍。《译文》旨在树立健康的译风，培养年轻的翻译人才，介绍进步文艺，以推动中国新文学的成长。《译文》发表的作品内容以现实主义文学为主，包括小说、戏剧、评论、随笔等众多门类，译者有鲁迅、茅盾、巴金、傅东华等大批名家，涉及苏、法、英、日、匈、荷、德等国家的作品。《译文》刊载过一批很有影响力的译作，还推出了若干著名作家的特辑或专刊。

4. 《世界文库》的诞生

1935年5月，由郑振铎发起并主编、蔡元培作总序的《世界文库》在上海创刊，宣称是"文学知识的渊源""世界文化的总汇""大众的文粮"。文库以期刊的模式发行，每月发行一册，一年12册为一集。文库囊括了中国古典文学名著66种，外国文学名著61种，是中国翻译文学史上一项宏伟的工程。世界名著主要译介了从埃及、印度、中国、古希腊、古罗马到现代欧美、日本，从古代、中世纪、文艺复兴到19世纪的一流文学作品。其编辑委员会有鲁迅、茅盾、蔡元培等一百余人，译者有当时一流的翻译家和作家。到1936年，《世界文库》一共刊行了12个国家一百余部名著，对我国文学和翻译事业起到了极大的推动作用。

5. 弱势民族文学的译介

弱势民族文学的译介也是30年代文学翻译的一个重要方面，基本上延续20年代的发展势头，参与的译者更多。一些在主题上反抗殖民者侵略、体现争取民族独立和解放斗争要求的翻译作品表现了文学与民族命运的密切关系，其翻译目的在于鼓励中国人民争取自由和解放。这种翻译活动仍然发挥着文学的社会功能：一方面，新文学知识分子通过译介，结合文学批评和创作，在文学交流中表达对社会时势的态度；另一方面，也有代表统治者意识形态的民族主义者，利用弱势民族文学作品中反映出的民族意识来强调当时权力文化统治的合理性（宋炳辉，2007：42）。这一时期的弱势国家文学的译介进一步推动了民族主义情绪的高涨，与当时的文学创作、文学思潮一起，构成了中国现代文学内部复杂的矛盾，是中国文学现代化进程中不可忽视的一部分。

20世纪30年代中国处于以蒋介石为首的国民党新军阀的统治下，社会现实复杂，阶级和民族矛盾尖锐。随着苏联革命和经济建设的胜利，左翼文化在世界范围内得到响应。一方面，处于鼎盛时期的国际左翼文艺思想和西方现代派文艺思想涌入我国，为我国文坛注入了新的活力。大量马克思主义文艺理论和社会主义现实主义作品在我国得到翻译和介绍，推动了我国无产阶级文学运动的发展；同时西方现代派思潮迎合了中国的时代特征，西方现代派小说和诗歌也被大量译介。在左联的倡导和推动下，许多革命翻译家在极其险恶的形势下从事翻译活动，为我国翻译文学的发展开创了新局面。一大批杰出的翻译家和作家涌现了出来。他们开设翻译社，创办新文学刊物，把西方的文艺作品和文艺理论介绍到中国，在此过程中也逐步形成了自己的文艺思想和创作风格。他们的翻译实践不仅对自己的创作产生了深刻影响，也促进了这一时期的中外文化交流。

20世纪中国的翻译活动具有强烈的实用主义倾向。五四运动以后，新文学的革新观念、民族危机意识成为整个中国文艺界的主导意识。翻译活动也必然要与这种现实的需求相适应。这一时期的翻译活动客观上推动了中国刚刚兴起的新文艺向前发展。更重要的是，翻译活动成为一种革命的武器，推动革命朝前发展。然而，这种以抗战为中心的简单化和概念化的文艺思想也给翻译带来了负面的影响，与民族存亡无关的、具有较高艺术和审美内涵的优秀外国文学作品受到冷落，文学的表现内容远远大过形式。

第六节　20世纪40年代至60年代的中国翻译

一、国际国内背景

第二次世界大战后，西方主要资本主义国家在经历了短暂的经济恢复期之后，进入了长达20年的黄金时期。20世纪40至60年代，以计算机的广泛运用为核心的第三次科技革命有力地推动了西方国家的经济发展，西方一批发达国家在20世纪50至60年代先后实现了高度工业化。第三次科技革命一方面加剧了资本主义各国发展的不平衡，使资本主义各国的国际地位发生了变化；另一方面也拉开了世界范围的贫富差距，加剧了世界范围内各种社会关系的变化。

现代西方还出现了科学主义和人本主义两大哲学思潮。面对时代变迁和科技进步的严峻挑战，许多流派从不同的角度和层面，对自然和社会做出深刻的思考和探索，给人们以许多启示。在文学方面，现代主义逐步替代批判现实主义成为西方文学的主流。现代主义派别众多，有表现主义、未来主义、象征主义、意象派、意识流、黑色幽默、存在主义、荒诞派戏剧、魔幻现实主义等，主要作家有卡夫卡、萨特、加缪、贝克特、马尔克斯等。另一方面，诞生于十月革命前后的社会主义现实主义文学在苏联继续发展。高尔基的小说《母亲》正是在第一次俄国革命的高涨时期酝酿成熟的，具有深厚的现实基础。十月革命的胜利为艺术沿着社会主义现实主义方向的发展提供了保证。20世纪20年代中期以后，苏联涌现出一大批具有共同思想艺术倾向的重要作品，如绥拉菲莫维奇的《铁流》、富尔曼诺夫的《恰巴耶夫》、革拉特科夫的《水泥》、马雅可夫斯基的《列宁》、法捷耶夫的《毁灭》、肖洛霍夫的《静静的顿河》、潘菲罗夫的《磨刀石农庄》，以及托尔斯泰、列昂诺夫、费定等作家的作品。社会主义现实主义首先在苏联确立，后来得到其他国家作家的赞成和拥护，慢慢发展成一种国际文学现象。

中华人民共和国成立后，社会主义改造取得了决定性胜利，党和国家面临的迫切任务是要调动一切积极因素建设社会主义，迅速发展我国的经济、文化和科学事业。为了发展文化和科学事业，全党贯彻"百花齐放、百家争鸣"的方针（即"双百方针"），提倡在文学艺术和科学研究领域有独立思考和辩论的自由；同时，文化艺术和科学工作者要学习马克思列宁主义，以马克思列宁主义的科学理论作为各项事业的指导。1957年2月，毛泽东进一步系统论述了"双百方针"。他明确宣布，这是一个基本的、长期的方针，不是一个暂时性的方针。"双百方针"一提出立即在知识界引起强烈反响，学术文化事业出现了生机勃勃的景象。

20世纪50年代，我国与西方资本主义世界处于政治阵营的对立之中。在哲学和艺术领域，唯心主义和实用主义受到严厉批评。50年代至"文化大革命"前，我国出版领域翻译、宣传、学习马克思主义的出版物占绝对多数，译自苏联的哲学读物占主流。中国和苏联、东欧社会主义国家之间的文学交流空前密切。苏联、东欧社会主义国家文学对中国的影响不仅仅存在于文学领域，还影响了人们日常生活的价值判断和审美取向。

下编　翻译的历史

二、主要翻译活动

1. 50年代初期的翻译批评高潮

中华人民共和国成立之初，百业待兴，文艺战线的任务尤为艰巨。翻译领域当时面临的主要问题一是翻译的无计划、无组织状态，二是粗制滥造的译作充斥市场。因此，如何解决这两个问题就成了当时政府文化部门的一项主要工作。1950年3月，《人民日报》以"用严肃的态度对待翻译工作"为总题，发表了三篇翻译批评的文章，以政府为主体拉开了50年代初期翻译批评高潮的序幕。1951年11月的第一届全国翻译工作会议和1954年8月的全国文学翻译工作会议，都提出了将"展开批评和自我批评"作为保障翻译质量的重要措施。在这一阶段，全国翻译工作者进行批评和自我批评的最重要的阵地就是《翻译通报》杂志。不少翻译家和理论家在这里发表了一系列争鸣文章。

2. 俄苏和东欧社会主义国家文学翻译

在学术界和翻译界的配合下，人民出版社主持拟订了一份《外国名著选译十二年规划总目录（1956—1968）》，选列了1614种书目作为选题计划。最初主要由三联书店等出版社承担此项出版计划。1958年商务印书馆恢复挂牌，上述翻译出版工作移交商务印书馆负责。到1963年，商务印书馆广泛征求中国科学院哲学社会科学部各研究所和各综合大学教师、研究人员的建议，经修订和调整，拟订了一份《翻译和出版外国哲学社会科学重要著作十年规划（1963—1972）》。当时承担这项翻译出版任务的主要是商务印书馆、三联书店、人民出版社、世界知识出版社、法律出版社、上海人民出版社等。商务印书馆决定力争把16至19世纪上半叶西方资本主义国家的重要学术著作提前译好出齐，重点是马克思主义三个来源即德国古典哲学、英国政治经济学和法国空想社会主义的著作。新中国成立至"文化大革命"前，由于苏联及当时的几个东欧社会主义国家和中国属于同一政治阵营，这一意识形态上的高度契合使得新中国初期的外国文学译介的重心以俄苏文学和东欧社会主义国家文学为主。当时中国译界对苏联文学采取全盘接受的态度，翻译了高尔基、马雅可夫斯基、肖洛霍夫、奥斯特洛夫斯基等作家的作品，50年代有一百多位苏联作家的作品在中国翻译出版。这一时期也出现了对东欧社会主义国家——主要是捷克斯洛伐克、波兰、匈牙利——文学翻译的第一次高潮,这些作品集中反映民族独立,体现爱国主义精神,以哈谢克、裴多菲、显克微支等为代表的东欧社会主义国家作家的文学作品译作影响较大。

3. "文化大革命"期间的外国文学翻译

外国文学翻译实际上从20世纪60年代初起就逐年减少,至1966年"文化大革命"发生几乎完全停止。这个阶段的外国文学翻译和出版可分两种情况:一种是公开出版发行的,多为之前已经翻译出版且得到权威人士肯定的图书,比如苏联文学作品《在人间》《钢铁是怎样炼成的》《铁流》,日本无产阶级作家小林多喜二的作品,以及阿尔巴尼亚、老挝、越南、朝鲜等社会主义国家的少量作品;另一种为"内部发行",翻译作品的读者受限,多为高级干部和高级知识分子,他们通过一些特别的渠道可以购买。后者的品种远多于第一种,包括24部苏联文学作品、13部日本文学、6部美国文学等(谢天振,许钧,2015:328)。尽管如此,这一特殊时期的翻译与当时的政治和意识形态关系密切,翻译家的自主性和文学作品本身的艺术价值没有受到充分尊重。

4. "左"倾路线下的欧美文学翻译

东西方两大阵营意识形态的对立,虽然导致新中国在1949至1966年与欧美文学中断了直接交往,但欧美文学翻译还是取得了一些重要成就,甚至呈现出繁荣景象。此间从事欧美文学翻译者多达300余人,其中有突出成就的就有数十位,如下之琳、朱维之、张谷若、曹未风、方平、方重、王佐良、查良铮、袁可嘉、董秋斯、张友松、周煦良、萧乾、罗玉君、罗念生、叶君健、施咸荣、黄雨石等,他们重译或新译了大量欧美文学作品。据不完全统计,这一时期翻译出版欧美古典文学千余种,其中英国文学近200种,德国文学70余种,法国文学200余种。这些作品的思想倾向颇为复杂,其基本精神与新中国社会主义意识形态话语属于不同的价值体系,存在很大的距离乃至矛盾。这些作品的思想意识虽然与社会主义话语属于不同的体系,但它们那复杂的思想中又有不少倾向与新中国政治意识形态话语相契合,这些倾向或为反对封建地主压迫,或为揭露资产阶级的残忍、暴露资本主义社会的罪恶,或为表现主人公追求理想时不屈不挠的精神,或为表现人类乌托邦幻想等，在一定程度上为社会主义意识形态话语所接纳，成为社会主义反资本主义的有效资源，这也是它们得到翻译、出版的主要原因。

中华人民共和国成立初期，为巩固马克思列宁主义思想的领导地位，政府有计划、有组织地翻译了一大批宣传和学习马克思列宁主义思想的出版物和苏联的哲学读物。由于受到政治运动的影响，文学翻译特别是欧美国家的作品翻译几乎陷入停滞状态；50年代，具有马克思主义思想的苏联和亚非拉国家的民族主义文学作品成为这一时期翻译的主流。在中国作品外译方面，革命领袖著作、古典经典著作和具有政治革命性的现代文学作品成为这一时期翻译工作的主要内容。其中，以《毛泽东选集》为代表的一批英译作品代表了中国翻译的最高水平。这一时期还出现了我国唯一的全国性翻译理论专刊《翻译通报》，成立了一批翻译工作者组织和翻译工作委员会，召开了全国性的翻译工作会议。这都给翻译界带来了积极影响，推动了我国翻译事业的发展。

第七节　改革开放与中国翻译的复兴

一、国际国内背景

20世纪六七十年代是西方资本主义经济快速增长的时期。第三次科技革命带来了科技领域的重大成果，极大地提高了劳动生产力。德国和日本成为西方世界新兴的经济强国，美国在西方国家中的经济和政治霸主地位相对削弱；欧共体成为世界上最大的经济和贸易集团，美欧依附关系演变成伙伴和竞争关系。到了80年代后期，资本主义国家虽仍有发展，却面临一系列社会问题和危机，如贸易保护主义、失业率增高、财政赤字、国债规模庞大等，但全球经济仍然朝着经济一体化的方向深入发展。

80年代以后，苏联和东欧社会主义国家在经济困境中走上调整和改革之路，民族矛盾日益尖锐。1991年，苏联解体，冷战结束。此后，世界政治格局向多极化发展。

国内，1976年，"四人帮"被粉碎；1978年，关于真理标准问题的大讨论掀起了一场伟大的思想解放运动，同年12月，党的十一届三中全会将党和国家的工作重点从阶级斗争转向以经济建设为中心的现代化建设，中国共产党从根本上冲破了长期"左"倾错误的严重束缚，在思想上、政治上、组织上全面恢复和确立了党的马克思主义的思想路线，将党领导的社会主义事业引向健康发展的道路。

20世纪80年代以来，随着社会的变革和经济的发展，西方文化呈现出复杂的发展态势。首先，随着现代化交通工具、通信工具和传播媒介的出现，世界各国文化交流日益频繁，特别是东西方文化形态之间、民族传统与现代精神之间的文化冲突也随之加剧。其次，伴随着现代工业文明的历史进程，现代工业社会的种种危机和弊端逐渐显现出来，人们不得不对科学进行理性的反思，涌现出各种各样的文化思潮。这些文化思潮总体上表现得更加理性，凸显了文化在社会和历史发展中的作用。文学文化界涌现出了继现代主义思潮之后的后现代文化理论、结构主义哲学和美学、后结构主义心理学、女性主义批评理论、新历史主义、后殖民主义等诸多流派。高雅文化和通俗文化、纯文学和通俗文学的隔阂逐渐消失，文化产业开始兴起。网络文化随着互联网的发展成为20世纪末最重要的新文化现象之一。核威胁、环境污染、生态破坏等全球化问题的出现，使人们开始关注人的生存及发展，思考自身的文化前途和命运。文化模式从一元走向多元，世界文化的多元化格局进一步形成。

2000年，党的十五届五中全会第一次提出文化产业的概念。2002年，党的十六大报告明确把文化事业与文化产业加以区分。从此，文化事业和文化产业在中国文化发展进程中开创了文化建设的新格局。随着改革开放政策的更深入贯彻，僵化的经济体制被冲破，社会生产力和国家实力极大增强，人民生活水平显著提高，思想观念进一步开放。

改革开放后，中外文化交流也进入继五四新文化运动后的又一个高潮。各种西方文艺思潮纷纷引进，中国当代文化及文人走出国门。新时期以来，巴金、叶君健、冯至等作家获得国际荣誉，当代文学作品被译为外国文字走上世界文坛，加深了世界人民对中国文学的理解；中国政府也致力在世界各国推广中国传统和当代文化，主动参与世界文化交流和融合，促进世界文化的多元化发展。

二、主要翻译活动

始于名著重印和名著重译的新时期翻译活动空前活跃，在规模、数量、种类等方面都是中国历次翻译高潮所不及的。大批优秀翻译工作者的出现，众多翻译机构的相继成立，翻译刊物的创刊与复刊，大型翻译出版活动的举行都充分表明，在这一时期我国的翻译事业取得了丰硕的成果；与翻译实践的活跃相辉映的是，我国此时期也引入了大量国外翻译研究的成果，这些研究成果促进了国内译学观念的更新和研究视野的拓展，中国的翻译研究从此进入了科学化和学科化的发展道路。

1. 外国文学的译介

改革开放之后，外国文学译介也进入了繁荣期。与新中国成立初期和改革开放前的外国文学译介显著不同的是，原作的文学价值受到了应有的关注。除了外国文学经典作品的重印和重译，通俗小说也受到了消费者和市场的青睐，译介作品的选择标准更加多元化。谢天振和许钧在《新中国60年外国文学研究》丛书第五卷《外国文学译介研究》中将新时期外国文学翻译中的热点归纳为："名著重译"与人道主义、"现代派"与后现代、翻译与消费市场（谢天振，许钧，2015：337–363）。他们认为，在新的历史时期，更加多元化的"名著重译"为当时的中国注入了新的知识构造和话语实践，特别是名著中的人道主义情怀，很容易打动彼时的中国读者，并使读者对现实世界进行反省；改革开放后，大量刊载西方现代主义作品的《外国文艺》双月刊、1980年出版的四卷本《外国现代派作品选》、1979年上海译文出版社陆续出版的"外国文艺丛书"等，都可视为新时期译介西方现代主义思潮的起点；80年代开始，博尔赫斯、罗伯-格里耶、贝克特等西方后现代作家及其作品被引入中国，启发了中国新时期先锋小说的实验，当时译介的西方后现代文化理论被用来对其进行阐释；90年代以后，随着市场经济的高速发展，文化成为一种产业，阅读成为一种文化消费方式。

2. 中国的对外翻译事业

改革开放40年来，中国经济高速发展，社会文化环境变得更加开放和多元。中国的对外翻译事业走上了服务国家政治外交和助力文化沟通交流的专业化和产业化道路。一方面，对外翻译在中国文化"走出去"的国家文化战略带动下，启动了"中国图书推广计划""中华学术外译计划""经典中国国际出版工程"等国家主导的重大外译项目，形成了以一批国家级的对外传播机构和报刊社为主，各高校翻译人才及各地语言服务和翻译公司、职业翻译人员积极参与的翻译队伍。这一时期中国对外翻译和出版的种类、数量、语种、渠道等都大大超过了改革开放前的规模。据统计，1980至2009年的30年间，各语种的翻译出版物有9 763种，多达24个语种，其中历史地理类和政治法律类占近一半，其他为艺术、文学、经济、语言文字类；在政府的主导和推动下，参与对外翻译的机构涵盖60余家国内出版社，外国翻译家和出版机构也开始参与中国的对外翻译（何明星，2016：25-48）。

3. 中国当代翻译理论的发展

随着翻译实践的丰富，我国翻译理论研究30年来也有了长足进展，达到了较高水平。可以说，我国当代翻译理论正当百花齐放、百家争鸣、蓬勃推进、方兴未艾之际。曹明伦曾这样评价道："当今翻译理论研究的流派之众、方法之多、视域之广、观点之新、跨度之大，可谓空前。"（曹明伦，2007：196）纵观我国的翻译史，我们可以看出，翻译理论经历了"文质说""求信说""直译、意译说""神化说""优势竞赛论""和谐说"的讨论，经过了科学与艺术、理论与实践、归化与异化关系的争论。罗新璋曾把中国传统的翻译理论体系归结为四种基本思想：案本—求信—神似—化境。我们还可以看出，中国翻译理论大致是沿着这样一条轨迹发展的：从最初一丝不苟模仿原文句法的"质"（直译），发展成允许在句法上有一定自由的"信"（意译），最后在"信"的基础上，演变成充满创造精神的"化"。可见，翻译理论的发展是一个不断深化的过程。

20世纪80年代中期以前，传统译论的语文学研究模式和理论形态仍然在中国译坛占主流，西方译论在这一时期与中国翻译研究自身的关系不甚紧密；80年代中期是中国翻译研究的转型期，转向建立以西方现代语言学和西方现代语言学译论为基础的语言学模式，又称结构主义语言学范式。这一时期，西方译论的研究方法和观点开始影响中国翻译研究，语文学研究模式的主流受到怀疑甚至否定。从这一时期开始，中国翻译研究进入了现代译论建设期，语言学翻译研究模式逐渐成熟，结出一系列硕果。

20世纪90年代，中国对西方译论的引进和学习进一步深化，西方现代语言学理论如语义学、语用学、文体学、篇章语言学等融入了中国的翻译研究。彼时中国的翻译研究者基本上是围绕语言和文本，对翻译转换的规律、翻译过程、翻译中的思维和逻辑、翻译单位等问题进行探讨。这种语言学翻译研究模式重视对客体的分析，以语言分析为基本方法，研究语际语符转换规律，以寻找意义的对等为目的。由于结构主义语言学只注重语言及其构成规律，缺少对语言系统外部的关注，其自身的缺陷越发明显。因此，在这一时期，中国研究者不再像80年代那样对西方译论一味追捧，而是更加理性。

20世纪末21世纪初，其他研究模式如文艺学模式、哲学模式、文化研究模式发展起来，这些研究模式和语言学模式共同支撑着中国翻译研究的多元化局面。中国翻译研究者一方面充分意识到翻译研究跨学科的基本性质，直接从现代语言学、哲学和文艺理论中汲取养分，另一方面继续引进不断发展的西方译论，如解构主义、多元系统论、女性主义、后殖民主义译论等，以描述和解释结构主义语言学不能解释的翻译现象和问题。

4. 翻译学科的建设

20世纪，翻译学在中国经历了从发端、发展到逐渐成熟的过程。50年代，董秋斯的论文《论翻译理论的建设》，率先明确提出建立翻译学的主张。80—90年代，中国的当代翻译研究深受西方译论影响，进入快速发展时期。《中国翻译》作为中国翻译研究的核心刊物，在这一时期刊载了大量论文，涵盖翻译实践、翻译理论等各个领域，理论研究成果逐年增加。20世纪90年代末至21世纪初，出版了大量译学专著和丛书，介绍国内研究者的理论和实践研究成果，如中国对外翻译出版公司的《翻译理论与实务丛书》、湖北教育出版社的《中华翻译研究丛书》、上海外语教育出版社的《外教社翻译研究丛书》；编纂了一批译学工具书，如香港中文大学的《译学百科》（1995），林煌天主编的《中国翻译辞典》（2000），方梦之主编的《译学辞典》（2004）、《中国译学大辞典》（2011）、《翻译学辞典》（2019）等；引进了国外翻译理论，如陈德鸿、张南峰主编的《西方翻译理论精选》（2000），申雨平主编的英文版《西方翻译理论精选》（2002），谢天振主编的《当代国外翻译理论导读》（2008）等，以及上海外语教育出版社的《国外翻译研究丛书》、外语教学与研究出版社的《外研社翻译研究文库》等系列丛书，这些丛书为我国翻译研究者提供了大量的英文第一手资料。2017年，上海外语教育出版社出版的三卷本《中国翻译家研究》（历代卷、民国卷和当代卷），收录了社会、经济、科学等各个领域的94位翻译实践家，以及对中国翻译事业有深远影响的创导者、组织者和翻译理论家。《中国翻译家研究》在系统整理历代和现当代有代表性的翻译家的译学思想、译著译事和翻译经验，展现中国翻译家的整体形象的同时，也体现了中国翻译事业对国家文化繁荣和社会进步起到的重要作用。

在高等教育领域，翻译教学也逐渐从单一的英汉互译实践课程，发展到系统介绍中西方翻译史、翻译家和作品研究、中西译论研究、口译研究等主要领域的系统性课程；此外，许多高校逐渐扩大翻译方向硕士、博士研究生的招生规模。尤其值得一提的是，2003年上海外国语大学建立了翻译学学位点，这是翻译学发展为独立学科进程中的重要里程碑。翻译学学位点的设立、研究生的大量招收等翻译教学系统化的发展趋势，表明了翻译研究作为一门学科的合法性与合理性。2007年1月，国务院学位委员会审议通过了《翻译硕士专业学位设置方案》，正式在我国设立翻译硕士专业学位（MTI）。这是翻译学科建设的又一突破性进展。至此，我国翻译人才的培养已初步形成学术型和职业型两种清晰明确的走向。翻译硕士专业学位自2010年正式设置以来，招生人数累计已突破7万人，为社会培养了大批高素质翻译人才。除此之外，翻译人才的培养还与全国翻译专业资格（水平）考试挂钩，如将培养单位组织翻译专业学位研究生参加二级考试的人数和通过率作为在校成果的重要指标。截至2019年年底，全国翻译硕士研究生一共有11.34万人次报考二级考试，有1.23万人次获得证书（赵军峰，魏晋，2021：129）。

此外，继1987年青岛会议以来，以翻译学或翻译研究为主题的各类大型国际国内学术研讨会，为全国翻译研究者提供了学术交流的平台，翻译学科的整体学术意识和水平得到显著提高。2008年第18届世界翻译大会在上海举行，来自世界各地的翻译工作者和翻译研究工作者汇聚一堂，围绕"翻译与多元文化"的主题，就业界关心的问题进行探讨与交流。经过数十年的发展，"翻译学"的学科地位在中国已经相对独立，从累积的成果来看，翻译研究领域的基础已经较为坚实，形成了比较健全的方法体系和系统的理论话语体系。从学科意识来看，20世纪80年代以来，翻译研究的学科意识就开始形成，并在90年代受到中国翻译研究者的普遍关注。经过一场历时较长、激烈而集中的论辩，翻译学科存在的现实性和必要性从事实和理论两方面都得到了证明；此外，翻译研究在学科范式、理论基础、研究范畴、术语系统等方面快速发展，其研究成果、理论建设、实践意义等得到认可，在社会科学领域越来越受重视。21世纪开始，不少学者呼吁，翻译研究应回归翻译本体研究（包括语言和文化两个层面）去描述语言或文化转换现象，并建立相对普遍的原则以解释和预测这些现象，通过具体叙述和抽象提炼两个方面来深入翻译的核心，把握翻译的本质。

改革开放后，中国在政治、经济、文化各方面都获得了极大的发展。在此背景下，翻译事业蓬勃发展，在翻译实践和研究领域都取得了前所未有的成就。在翻译领域内发生的变革和取得的研究成果反过来又促进了改革开放的发展。以名著重印和名著重译为始端的新时期翻译活动掀起了新的翻译高潮。新时期引入的各种西方文艺思潮对中国学界影响较大，中国当代翻译研究取得了新的发展。翻译学与其他学科的结合愈加紧密，同时其学科独立性和跨学科性日益明显。作为一种跨文化交际活动，新时期的翻译事业必将推动中国与国际社会在政治、经济、文化、思想、科技、教育等各个领域的共同发展。

思考题：

1. 东汉至唐宋的佛经翻译是中国翻译史上出现的第一次翻译高潮。请简要概括佛经翻译对中国语言、文学和文化的影响。
2. 明末清初和清末民初是中国翻译史上科技翻译的两次重要发展时期。请简要说明其对我国科学和文化发展的作用。
3. 马克思主义著作在中国的传播大致可分为几个重要阶段？每个阶段有何特点？

第十一章　西方当代翻译研究略述

20世纪中期，特别是现代语言学诞生之前，西方翻译家总结翻译经验，并以此设立翻译的标准和原则。之后，人们冲出了传统译论较为狭隘的讨论范围，从语言、社会、文化、意识形态、权力等多重视角对翻译进行系统的考察和阐释，翻译研究的不同流派逐渐形成。各个流派观点的碰撞和交流又进一步加深人们对翻译的认识，促使翻译研究逐渐发展成一门具有相对独立性的学科。

第一节　翻译研究的语言学派

20世纪60年代以后，西方一些翻译理论家运用现代语言学的最新研究成果，结合社会学、心理学、符号学等各种相关学科，对翻译现象进行全新的阐释，使翻译学初步具备科学研究的特点。综合来看，这一时期的翻译研究表明，翻译同语言学尤其是比较语言学和应用语言学关系密切，因而借用语言学的理论可以理解翻译的基本问题。这一时期，由瑞士语言学家费尔迪南·德·索绪尔（Ferdinand de Saussure）开创的现代语言学获得了长足发展。对现代语言学理论的大量借用和参考，如索绪尔的"能指"和"所指"、语言符号的任意性，诺姆·乔姆斯基（Noam Chomsky）的转换生成语法等，也使得翻译现象的讨论呈现出科学性特征。

下编　翻译的历史

一、罗曼·雅各布森

美籍俄罗斯语言学家罗曼·雅各布森（Roman Jakobson）是布拉格语言学派的代表人物。他认为：翻译必须考虑语言的各种功能，如认识功能、表达功能和工具功能；翻译必须重视语言在语义、语音、风格、体裁方面的比较。在著名的《论翻译的语言学问题》（"On Linguistic Aspects of Translation"）一文中，雅各布森从结构主义语言学和符号学的角度探讨了一些有关翻译理论和实践的问题，如翻译中语言的意义、等值、可译性和不可译性等。他从符号学的观点出发将翻译分为语内翻译（intralingual translation）、语际翻译（interlingual translation）和符际翻译（intersemiotic translation）。这个翻译三分法是雅各布森最有影响力的翻译理论，被国内外翻译理论界引用最多。他还提出了对翻译进行考察的语言功能模式，包括信息、信息发出者、信息接收者、语境、接触渠道、代码等元素。雅各布森关于等值、语言意义和语言形式的翻译问题，开启了西方翻译活动的语言学派研究。

二、尤金·奈达

美国语言学家尤金·奈达（Eugene Nida）是语言学派和交际学派的代表人物，也是具有国际影响力的当代著名翻译研究理论家，是西方最早从语言学方向研究翻译的学者之一。交际学派的理论基础是交际学和信息论。在他们看来，翻译是两种语言之间传递信息和社会交际的一种方式。奈达的翻译理论集中在其20世纪60年代出版的两本重要著作中，即《翻译科学探索》（Toward a Science of Translating）和《翻译理论与实践》（The Theory and Practice of Translation）。奈达的翻译理论要点如下：（1）不同语言之间存在共性。在奈达看来，尽管不同的语言表现形式是不同的，但一种语言所能表达的事情，必然能用另一种语言来表达，即不同语言的表达力是等同的。奈达经常举的一个例子是英语成语"white as snow"在其他语言中的处理。他说，世界上有的地方终年不下雪，因此那里的居民不知道雪为何物，其语言中压根就没有"雪"这个词。这种情况下如何翻译呢？可以用其他与雪类似的事物如"霜"等来译，用意义类似的"白如白鹭毛""白如蘑菇"等现成俗语来译，或用一般性的描述性词语如"很白""非常白"等来译。再如，用汉语成语"雨后春笋"（growing like bamboo shoots）来翻译英语习语"spring up like mushrooms"也很合适。（2）翻译重在效果。奈达曾提出"动态对等"（dynamic equivalence）的概念，即在翻译过程中"原文信息转移到译入语，译文接收者的反应与原文接受者的反应基本上相同"。与"动态对等"对应的是"形式对等"（formal equivalence）。这种对等"强调信息本身，既强调信息的形式，也强调信息的内容"，而由于源语与译入语的结构差异，这种策略容易"扭曲接受语的语法与文体模式，进而曲解原文的信息"。显然，在"形式对等"与"动态对等"之间，奈达是主张后者的。一个广为人知的例子是，奈达在将《圣经》中"上帝的羔羊"（Lamb of God）这一表达翻译成因纽特语时，选用的词语是"上帝的海豹"（Seal of God）。其理由是居住在极地的因纽特人不知羔羊为何物，而海豹则是他们熟悉和喜欢的动物。奈达后来将"动态对等"换成了"功能对等"（functional equivalence），原因是后者不那么容易被人误解，而且可以强调翻译的交际功能。（3）翻译是一种交际活动。奈达的翻译理论基础之一就是交际学。在他看来，翻译的目的就是交际，是跨语言、跨文化的交际，而交际的目的就是使参与交际的双方或各方能够彼此沟通、互相理解。既然翻译的目的是交际，那么在翻译过程中重要的是信息而不是形式。奈达为翻译下的定义是"从语义到文体，用最贴近的自然对等语在接受语中再现源语信息"。这一定义明确指出，翻译的本质在于传达源语的信息，在翻译时，译者关注的应是内容而不是形式。因此，翻译不仅需考虑语言，还要把不同国家、不同民族的文化和世界观考虑进去。

三、约翰·卡特福德

英国翻译理论家约翰·卡特福德（John Catford）是现代语言学伦敦学派的代表人物，也是早期语言学翻译研究的代表。他的专著《翻译的语言学理论》（*A Linguistics Theory of Translation*）探讨了普通语言学理论、翻译的定义和基本类型、翻译等值、翻译转换等诸多问题，是最早从应用语言学角度系统对比原文和译文差异的研究。他主要借用韩礼德的"阶与范畴语法"（Scale-and-category Grammar）的理论来解释翻译。他根据范围、层次和级阶三个参数将翻译划分为三大类：（1）以范围来划分，分为全文翻译和部分翻译。（2）以层次来划分，分为完全翻译和有限翻译。完全翻译是指语法单位一一对应上的等值翻译，有限翻译是指原文和译文仅仅在某个层次上对应等值。（3）以级阶来划分，分为逐词翻译、直译和意译。其中，逐词翻译将跨语转换放在词汇层，翻译单位小，翻译效果不理想；越往高级的级阶移动，翻译就越趋向意译。如果把等值的层次放在篇章层，那么翻译的单位更大，译文也就更加流畅自然。但无论把哪个层次作为翻译转换的基础，翻译过程中都必然出现大量的转换现象。比如，语法到词汇或词汇到语法的转移，范畴转换，比如结构转换、类别转换、单位转换等。

四、彼得·纽马克

彼得·纽马克（Peter Newmark）是英国著名的翻译理论家和翻译教育家，毕生从事翻译实践和翻译教学，其理论对指导翻译实践、翻译教学和译员培训都有很强的针对性。纽马克对翻译研究中一些争议较多的话题，如翻译的定义、翻译的性质、翻译的标准、翻译的目的、翻译批评、翻译中意义的丢失等都提出过不少独到的见解。纽马克翻译理论中最重要也最有特色的是其在专著《翻译问题探索》（Approaches to Translation）中提出的两种翻译模式，即语义翻译（semantic translation）和交际翻译（communicative translation）。正如他自己所说，这两个概念是他"对普通翻译理论的主要贡献"。所谓语义翻译，指的是译者只在目标语句法和语义的限制内，试图再现原作者的准确的语境意义。采用这一模式时，译者在翻译过程中首先关注如何再现原作者的思维过程，而不是试图以自己认为合适的表达方式去解释原语文本。换句话说，在语义翻译的模式下，原文文字是神圣不可侵犯的，其内容和形式是统一的，而原文的一切，包括自相矛盾的说法、容易引起歧义的表达方式甚至错误，都应该原原本本地翻译出来。在纽马克看来，语义翻译适合以表达功能为主的文本，如文学作品、技术文献、学术论文等。与语义翻译不同，交际翻译是指译者"试图在目标语读者身上产生相同于原文在源语读者身上所产生的那种效果"。这意味着译者在翻译过程中应在不违反目标语语法规范的前提下，尽量采用符合目标语文化规范和行文习惯的表达方式来传达原文的信息，而不是亦步亦趋地照搬原文的词句。这样，译者的自由相对较大，可以更多关注读者的阅读口味。适合这种翻译模式的文本类型有新闻、教科书、公告、大部分非文学作品等。

第二节　功能学派和目的论

　　功能语言学讨论语篇的层次、功能、语域，以及语篇的衔接和连贯等问题；功能学派将普通语言学和系统功能语言学应用于翻译研究，形成了翻译研究独特的功能研究视角。翻译的目的论是20世纪70年代末80年代初德国翻译理论家凯瑟琳娜·赖斯（Kantharina Reiss）和汉斯·弗米尔（Hans Vermeer）提出的一种新的翻译观：翻译主要受控于目标文本在目标语境中想要达到的"目的"（skopos），而目的又"因接受者不同而不同"。因此，作为译者，应当采用最合适的翻译策略来达到目标文本想要达到的目的。简言之，就是"目的决定方法"（ends justify the means）。后来，弗米尔将行为学引入了目的论，在他看来，任何形式的翻译行为（translational action），包括翻译本身，正如其名字所示，都可以被认作是一种行为。而目的论的规则就是"翻译/解释/说/写的方式要符合文本/译文在其被使用的情境中发挥的功能，也要符合文本/译文使用者希望它发挥的功能"。功能学派的另一位翻译理论家克里斯丁·诺德（Christine Nord）进一步提出了"忠诚加功能"原则的翻译理论模式。忠诚（loyalty）是指翻译互动中译者对其合作伙伴的责任是要同时忠于源语和目的语双方。忠诚是一种人际范畴的关系，而不是原文和译文的关系。功能是指译文应满足翻译委托书（translation brief）所规定的目的，这样的译文在功能和交际上才是恰当的，使原文和译文功能一致。诺德在其著作《翻译的文本分析模式：理论、方法及教学应用》（Text Analysis in Translation: Theory Methodology and Didactic Application of a Model for Translation-Oriented Text Analysis）中提出了一个建立在篇章语言学与文本类型理论基础上的以翻译为导向的文本分析模式。这种模式基于功能的概念，提出了一个所有文本和翻译场景都适用的原文分析模式，可帮助译者选用恰当的翻译策略。后来，诺德又在其著作《译有所为——功能翻译理论阐述》（Translating as a Purposeful Activity: Functionalist Approaches Explained）中强调了译员培训的三个重要方面，即翻译委托书、原文分析和翻译问题在功能重要性上的排序。首先，译者要对比翻译委托书中对原文和译文的描述，预测两者之间可能存在的差异；其次，译者要对原文的文本分析进行确定翻译的可行性，确定要实现功能翻译所必须考虑的相关原文内容，以及要采取的翻译策略，其中文本分析的对象包括题材、内容、预设、文本构成、非语言因素、词汇层面、句子结构、超音段特征等文本内部要素。从语用角度出发，翻译问题在功能重要性上的排序从高到低依次为预期的译文功能、功能的复制或改编、翻译类型决定的翻译风格，以及语言层面上的文本问题。

首先，翻译研究目的论的出现使翻译研究的重点从源语文本转向了目标语文本。源语文本不再被视为译者必须移交给目标读者的固有事实，而是一种"信息的提供"（offer of information）。译者考虑的中心也不再是原文文本或是原文作者的意图，而是目标文化系统的要求，比如读者的需求。其次，目的论还对翻译语言学派的核心概念"对等"（equivalence）提出了挑战。在目的论诞生之初，欧美翻译理论界仍然是语言学派一统天下，而语言学派的核心观念便是"对等"。目的论并不赞成"对等"的说法，主张用"恰当"（adequacy）一词取而代之。赖斯和弗米尔认为"恰当"是指"在充分考虑到翻译过程中译者所遵循的目的时源文本与目标文本之间的关系"应恰当。相比"对等"，"恰当"一词更强调翻译的灵活性和妥协性，即译者在翻译过程中因受制于客观需要做出的取舍。

第三节　翻译研究的文化转向

20世纪70、80年代，欧美翻译理论界的面貌再度发生变化。以詹姆斯·霍尔姆斯、伊塔玛·埃文-佐哈尔（Itamar Even-Zohar）、吉迪恩·图里（Gideon Toury）、安德烈·勒菲弗尔（André Lefevere）、苏珊·巴斯奈特（Susan Bassnett）等为代表的一大批语言学家和比较文学学者也开始涉足翻译领域，并且将翻译研究的重点和视线投向翻译的结果、功能和体系，而不再只关注传统翻译研究中的翻译过程。他们将翻译现象置于文化和历史的宏大语境中，将翻译现象同权力、意识形态、读者期待等制约和影响译者翻译策略的因素结合起来进行考察和讨论。他们的研究极大地丰富和深化了原来的译学观念和译学理论，为翻译研究打开了全新的视野。这就是翻译研究历史上的"文化转向"。

一、多元系统理论

多元系统理论（Polysystem Theory）是以色列学者佐哈尔早在20世纪70年代初就提出的一种文学理论。1978年，佐哈尔把他在1970至1977年发表的一系列论文结集出版，名为《历史诗学论文集》（*Papers in Historical Poetics*），书中他首次提出了"多元系统"（polysystem）这一术语。这个术语意指某一特定文化中各种文学系统的聚合，从诗这样"高级的"或者说"经典的"形式（如具有革新意义的诗），到"低级的"或者说"非经典的"形式（如儿童文学、通俗小说等）。多元系统理论的一个核心内容就是将各种社会符号现象，具体来说是各种由符号支配的人类交际形式，如语言、文学、经济、政治、意识形态等，视作一个系统而不是一个由各不相干的元素组成的混合体。而且，这个系统也不是一个单一的系统，而是一个由不同成分组成的、开放的结构，即一个由若干不同的系统组成的多元系统。在这个多元系统里，各个系统"互相交叉，部分重叠，在同一时间内各有不同的项目可供选择，却又互相依存，并作为一个有组织的整体而运作"。

具体到翻译文学，佐哈尔将它视为一个自足的次系统，与文化、社会人类其他符号体系之间有着密切的联系。翻译文学是译语文学多元系统的一部分，可能占据中心位置，其前提条件有三：（1）译语文学多元系统尚未形成；（2）译语文学身处边缘或弱小地位；（3）译语文学正处于转折、危机或者真空时期。一旦翻译文学占据中心位置，就会出现翻译和创作界限模糊的状态；翻译参与创造新模式、拒绝之前熟悉的规范；翻译的充分性更高，更贴近原文；最后译语规范趋于革新。根据多元系统理论，翻译不再是孤立的文本行为，而是会受到其他系统和因素的影响，翻译的方法和策略的选择也与翻译所涉及的文化语境有着千丝万缕的联系。这也使后来的翻译研究者图里、勒菲弗尔等人认识到对翻译的充分揭示离不开对文本外因素的剖析。

二、描述性翻译研究

描述性翻译研究（Descriptive Translation Studies）是以色列特拉维夫大学教授图里所创立的。他发展了佐哈尔提出的多元系统理论，探索如何接受译语的文化背景条件与特征，研究文化交际的规则和翻译现象的规律。首先，描述性翻译研究的目的是建立实证的、科学的翻译学。图里指出："寻求普遍规律是任何学科的不变目标和首要追求，没有它们，则任何的所谓理论和科学活动都不可信。"他认为，一门实证学科如果没有一个描述性分支就不能称其为完整和相对独立的学科。另外，其研究的出发点为多元系统文化理论。描述性翻译研究以译文为导向，最重要的是将翻译置于译入语文化的社会和文学系统之中，正是这一系统中的位置最终决定了译者的翻译策略。

1980年，图里出版了《翻译理论探索》（*In Search of a Theory of Translation*）一书，使翻译研究的重点从规范性研究转为描述性研究。1995年，他的专著《描述性翻译研究及展望》（*Descriptive Translation Studies and Beyond*）问世。该书集成了他14年来的研究成果，体现了他的主要翻译思想：一是把文本置于译入语文化系统内，检验其重要性和可接受性；二是比较源语文本与译入语文本，辨识译入语文本偏离源语文本的动因，从而抽象概括出翻译行为的规范；三是把所概括的规范确立为规约未来翻译行为的规律。

三、操纵学派

操纵学派（Manipulation School）认为，从目标语的角度来看，"所有翻译都会出于某种目的对源文本实施某种程度的操纵"。这一学派也被称作"低地国家学派"（Low Countries Group），因为该学派的一些主要人物来自荷兰、比利时等低地国家。操纵学派的代表人物有詹姆斯·霍尔姆斯、安德烈·勒菲弗尔、西奥·赫曼斯（Theo Hermans）等。操纵学派对翻译理论的贡献首先在于，他们在翻译研究中采用了一种新的途径，即以目标文本为取向（target text-oriented），将研究重点放在目标文本及其在目标文化系统中的角色和地位上。这和传统上以源文本为依归的研究方式截然不同，其主要区别在于：以目标文本为取向，使用的是一种描述性的（descriptive）而非规定性的（prescriptive）语言；通俗一点说，就是他们关心的是翻译是什么（what a translation is），而不是翻译应该是什么（what a translation should be）。这样一来，目标文本即译作就获得了独立的存在意义，而不再受原作的束缚，或者说在某种程度上原作倒成了附属角色，研究者的视域也因此得到极大的拓展。其次，操纵学派的另一主要贡献是提出了众多具有重要意义的概念和观点，其中最重要的是他们认为翻译是对原文的改写，改写就是操纵。"改写"是操纵学派的旗手人物勒菲弗尔采用的说法，在他看来，翻译是一种最显而易见的改写类型。在改写的过程中，译者主要受三个因素的制约，即意识形态（ideology）、诗学（poetics）和赞助（patronage）力量。这三个因素使得翻译从来都不是单纯的语言行为，而是一直受外界影响，是受操纵的结果。

第四节　翻译研究的多元化发展

进入20世纪90年代，翻译研究的领域更广，视角更新，新的流派不断涌现，如女性主义翻译研究、后殖民主义翻译研究等，翻译研究呈现出更加多元的局面。

一、女性主义翻译研究

女性主义翻译研究的目的是争取女性的平等与尊严，破除翻译研究和社会观念中的性别歧视。在女性主义翻译研究领域，最活跃的是几位加拿大女性学者，如芭芭拉·戈达德（Barbara Godard）、雪莉·西蒙（Sherry Simon）、苏姗娜·洛特比涅尔-哈伍德（Susanne de Lotbinière-Harwood）。西蒙的《翻译中的性别》（Gender in Translation）一书是女性主义翻译研究的代表作。在这部作品里，西蒙用大量的例子说明，在传统的翻译观中，女性的意象往往被歧视性地使用，如在很多翻译家和理论家眼里，原作是强壮的、有生产力的男性，而译作则是地位低下的派生的女性。西蒙在书中引述了一个十分有代表性的翻译比喻——"不忠的美人"（les belles infidèles）。她认为这一说法将忠实与美丽、优雅对立起来，带有严重的性别歧视。西蒙在书中声称，女性主义翻译研究学者需要探讨翻译被"女性化"的过程，要批判那些将女性和翻译视作低下的翻译观念，并动摇和挑战那些维持这些观念的权威机构。在翻译实践上，西蒙主张在翻译时尝试用创造性的译法来凸显源语性别歧视的性质，以引起读者对性别问题的思考。应该说，女性主义翻译研究是女性主义运动的一股支流，其提出的许多见解和主张并不是单纯的学术研究，而是带有鲜明的政治色彩。

二、后殖民主义翻译研究

韦努蒂通常被当作是解构主义学派在翻译研究领域的代表,但是他在20世纪90年代所著的三部代表作却与后殖民主义翻译研究有着密切的关系。这三部代表作是《翻译再思考:话语、主体性、意识形态》(*Rethinking Translation: Discourse, Subjectivity, Ideology*,1992)、《译者的隐身:一部翻译史》(*The Translator's Invisibility: A History of Translation*,1995)和《翻译之耻:对差异伦理的追求》(*The Scandals of Translation: Towards an Ethics of Difference*,1998)。特别是在《译者的隐身:一部翻译史》中,韦努蒂用丰富的统计数字说明了当今世界文化不平衡的状态。如1990年,英国出版的译自各语种的译著占总出版物的2.4%,而在美国译著占总数的2.96%。1985年,法国的译著占总数的9.9%,其中70%译自英语;1989年,意大利的译著占总数25.4%,一半译自英语;1990年,德国的译著占总数14.4%,其中将近70%译自英语。第二次世界大战以后,英语成为被翻译最多的语言,而每年被译成英语的图书并不多。英美国家的出版商四处推销英语图书的翻译出版权,却极少购买外语图书的英语翻译出版权,外语译入英语的书籍占很小的比例。韦努蒂认为,这种翻译出版格局的不平衡带来严重的文化不平衡,即英美文化在全球急剧扩张,给世界各地文化带来影响。他在书中批判性地全面审视了17世纪以来译入英美国家的文学作品的翻译策略,认为这些作品的翻译以通顺的、透明的策略为主,并以西方的意识形态为标准,形成了一定的规范。英语中心主义是传统文学和文化研究乃至翻译研究的主导模式,英语成为20世纪文化交流的主要媒介。韦努蒂将源于德国近代哲学家、翻译理论家施莱尔马赫的"异化"和"归化"翻译策略在文化不平等和文化霸权的层面上做进一步阐述,认为弱势文化应该利用"异化"策略让译者的身份和原语文化的异质性显形,作为反对英美霸权文化的抵抗手段。

美国翻译家道格拉斯·罗宾逊(Douglas Robinson)对后殖民主义译论的贡献为其1997年出版的著作《翻译与帝国:后殖民理论解读》(*Translation & Empire: Postcolonial Theories Explained*)。这本专著对后殖民主义译论进行了全面而系统的梳理和总结。他认为:"'后殖民主义'是源自殖民主义经历及殖民主义终结之后的一种文化或文化研究状况;它关注的是反映在语言、文化、法律、教育、政治等方面与群体身份有关的一系列问题,尤其是所有类别之间的差异性，而对那种在绝对净化的基础上对复杂问题采取简单化处理方式的做法表示怀疑。"（Douglas Robinson，2007：121）

在翻译研究领域，后殖民主义研究关注的是隐藏在译文变形和置换背后的不同文化之间的权力差异、权力对比和权力斗争。正如该流派的旗手学者特贾斯维莉·尼兰贾纳（Tejaswini Niranjana）所言："所谓后殖民图景指的是对存在于不同民族、不同种族和不同语言之间的不对称和不平等的关系进行多元争辩、解释或描述……翻译作为一种实践，构建了殖民状态下不对称的权力关系。"尼兰贾纳是一位拥有美国教育和学术背景的印度裔学者，其研究涉及后殖民主义理论、女性主义理论和比较文学，著述颇丰。她是当代最负盛名的、最为激进的后殖民主义译论家之一。在后殖民主义学者看来，翻译一直是殖民文化的产物，是帝国主义、霸权主义强权政治和强权文化对外扩张的工具；不同的文化系统之间从来没有真正意义上的平等，因而也就不存在平等意义上的文化交流和文化对话。而传统翻译理论中的一些理论预设或概念如语言平等、等值、文化对等，都是没有现实依据的乌托邦，只存在于学者的臆想之中。同女性主义翻译研究一样，后殖民主义翻译研究带有强烈的政治色彩，它的兴起折射出在全球化高歌猛进的背景下民族主义的复兴及弱势文化对强权政治、大国中心主义和文化霸权主义的批判。

作为一门独立学科的翻译研究或翻译学，随1972年霍尔姆斯翻译学科基本框架的构建而兴起。90年代玛丽·斯内尔-霍恩比的专著《翻译研究——综合法》提出，翻译学作为一个独立学科的惊人发展，引发了国际范围的广泛讨论。莫娜·贝克（Mona Baker）在《翻译研究百科全书》（*Encyclopedia of Translation Studies*）中把翻译研究称作是"令人振奋的、或许是整个20世纪90年代唯一的新兴学科"，并在再版中评述"该学科关注一些新问题，呈现出越来越明显的多学科性趋势"。当代英国翻译理论家杰里米·芒迪（Jeremy Munday）在其《翻译研究导论：理论与应用（第三版）》（*Introducing Translation Studies: Theories and Applications*）中总结了翻译学越来越引人注目的四个方面：第一，专业口笔译本科和研究生培训课程增多；第二，不同语言的翻译会议、著述和期刊层出不穷；第三，对选集、论文库、百科全书、手册以及入门等各种概论和分析工具书的需求增加；第四，与翻译相关的国际组织迅速壮大。翻译学如今变成了最活跃并不断发展的研究领域之一，研究路径不同，令人振奋（芒迪，2014：4-6）。芒迪还提出，除了语言学和各种文化研究的视角，近年又出现了与技术相关的翻译研究新领域。他提出："虽然新技术不代表新的理论模型，但是新技术的出现和推广已经改变了翻译实践，对翻译研究产生了很大冲击，从而进一步影响翻译理论。"（芒迪，2014：257）因此，他在该书第三版中补充了新的一章"新媒体带来的新方向"，简要分析了三个相关例子，即视听翻译研究、本地化和全球化，以及协作翻译和语料库翻译研究。

思考题：

1. 作为西方当代翻译研究的起源，现代语言学在翻译研究中有哪些重要的应用？
2. 如何理解翻译研究目的论中"ends justify means"的说法？
3. 在文化转向后，翻译研究有哪些新的发展方向和特点？

第十二章　中国当代翻译研究略述

中国的翻译研究是在总结翻译实践的基础上发展起来的，中国翻译研究的源头是翻译家对自己和他人翻译实践经验的总结。这些零散的翻译思想观念、对翻译标准的讨论是中国传统翻译理论的基础。20世纪以来，中国当代翻译研究借鉴西方翻译理论的研究成果，与中国的语言、文化和社会特点相结合，形成了具有中国特色的中国翻译研究，为翻译和翻译研究提供了独特的中国视角。

第一节　对中国传统译论的反思

中国传统译论的理论基础是中国传统哲学、美学、文学、语言学、文艺学等，这些人文学科的思维方式和理论形态直接影响传统译论的思维方式和理论形态。中国传统译论最基本的价值之一就在于它的人文精神。中国传统译论是中国传统多学科在翻译领域融会的结晶，是中国思想文化的重要组成部分，在中国翻译领域影响巨大，其精华部分至今仍然具有重要的指导意义，与之相关的许多方面也仍然是当今译论关注的范畴。

一般来讲，中国译论可分为四个阶段，即古代译论（汉末隋唐至明末清初）、近代译论（鸦片战争至19世纪末20世纪初）、现代译论（20世纪前半叶）和当代译论（新中国成立以来）。但从理论基础、思维方式和理论形态上看，从佛经翻译思想到20世纪70年代的译论基本可归属于传统译论。中国传统译论是以中国传统文学、美学、文章学、文艺学、语言学为理论基础和基本方法而形成的翻译理论，其主线由"案本—求信—神似—化境"四大译学观点构成。其代表性的观点如下：支谦"因循本旨，不加文饰"，道安"五失本，三不易"和"案本而传"，鸠摩罗什"依实出华"，彦琮"八备"说，玄奘"五不翻"，赞宁"六例"说，马建忠"善译"说，严复"信、达、雅"论，章士钊、胡以鲁"音译意译"之争，林语堂"忠实、达意、传神"论，鲁迅与赵景深"信顺"之争，瞿秋白"信顺兼顾"，郁达夫"学思得"说，朱生豪"神韵意趣"说，傅雷"神似形似"说，贺麟"言意之辨"说，金岳霖"译意与译味"说，郭沫若"统摄原意，另铸新词"和"翻译等于甚至可能超过创作"说，钱钟书"化境"说，孙梁"忠实而不呆板，灵巧却无臆造"说……

中国传统译论大多散见于序跋、札记或随笔，这些出自评论者主观印象或翻译者经验总结的论述经常是点评式和随感式的。这种语文学的研究范式受中国古典美学影响，强调人的灵感、悟性和神思，不重视对客体的分析，难以形成系统的翻译理论。大部分论点尚未形成体系，没有构建统一的范畴和术语体系，方法上缺乏严密论证和分析，侧重于经验性阐发和直观推论，因而表现为印象式和感悟性，即方法论上缺乏科学性，理论上缺乏系统性。

中国传统译论的研究成果主要是对翻译标准的厘定、对翻译技巧的梳理和概括。有学者认为，中国传统译论的研究成果主要就是"案本—求信—神似—化境"这一翻译标准体系和建立在源语、目的语两种语言形式对比上的各类翻译技巧。这种现象很大程度上是翻译者或翻译研究者对翻译与理论持实用主义态度造成的。在传统译论看来，翻译技巧这一命题的研究与翻译实践有着直接的关系，能够而且也应该为实践提供直接的理论指导，这是与中国学术研究传统中强调事物的功能和效用、强调实践的特征一脉相承的。因此，在这种实用主义思想的影响下，中国传统译论致力挖掘有限的翻译技巧，希冀指导实践，对译者提高实际翻译水平起到立竿见影的功效；除此之外，中国传统译论对翻译技巧的研究局限于源语和目的语两种语言形式的对比，目的是找出翻译过程中的双语转换技巧和规律，以此规范翻译实践，而疏于对技巧使用环境和条件的描写、研究，因此操作空间十分有限。

以往对中国传统译论所做的工作大多表现为以史代论或资料汇编，鲜有研究成分。对中国传统译论的研究最初带有很强的问题反思和缺陷评估的性质，特别是以现代译论的性质来衡量传统译论的缺陷,并以对这种缺陷的评估来凸显现代译论建设的重点和任务。近年来,对传统译论的研究从负面转向了正面:在承认传统译论局限性的前提下,对其价值进行挖掘和诠释,肯定了其作为一种理论资源对现代译学的建设性意义;在研究方法上,主要是借用现代理论话语对传统译论进行现代转化,让传统走进现代,既有继承又有创新,将传统资源转化为具有现代特征的理论,并融入现代译论。

第二节　对西方译论的引进

当代中国翻译研究现代化建设开始的标志是20世纪80年代的语言学模式的转向,这是在西方现代译论的影响下发生的。语言学的转向在西方翻译研究中始于20世纪50年代,在80年代西方译论进入中国翻译研究的视域后始见于中国译论。这种外部动力对中国翻译研究走出传统翻译研究随意和零散的模式、建立较为科学和理论的研究模式,具有重大意义。

西方翻译理论,特别是当代翻译理论,具有概念明确,术语界定清晰,逻辑性、系统性强的特点。这些特点正是中国传统翻译理论所欠缺的,也是中国当代翻译研究客观性和科学性的体现。中国翻译研究在20世纪80年代末开始大量引进西方翻译理论,形成了一系列当代翻译理论研究成果。

20世纪60到80年代是西方现代语言学的蓬勃发展期,涌现出大量的现代语言学研究成果。这些成果也被西方的语言学家和翻译研究者们运用到对翻译理论和实践中。语言学派的翻译研究注重翻译活动的语言转换本质,寻求语言转换的客观规律;在研究语言转换的同时,也注重翻译与语境和译者的关系。语言学派的翻译研究注重对语言和文本进行多方面的研究,从微观的语义对等,到翻译单位的确定、翻译过程的各阶段、翻译的思维逻辑和心理过程等,充分体现了翻译活动的科学性特点。中国在八九十年代开始引进奈达、纽马克、卡特福德、哈蒂姆、梅森等语言学家和翻译学家的翻译研究著作。这些著作涉及现代语言学的多个分支,如语义学、语用学、篇章语言学、文体学等,极大地丰富了当时中国翻译研究的视角,弥补了中国传统翻译理论中语文学研究的单一视角的缺陷。在这一阶段,中国当代翻译研究汲取西方当代翻译理论的研究成果,极大促进了翻译研究的发展。

进入21世纪，更加多元化的西方翻译理论被引进到中国。这些翻译研究成果为中国的当代翻译研究提供了丰富的跨学科视角；与此同时，中国的翻译研究者开始对这些西方翻译理论提出疑问、进行反思，结合自己的翻译经验和对翻译活动的研究，产生了适合中国语言和文化翻译的研究成果。这一阶段中国当代翻译研究进一步繁荣，从概念表述、内在逻辑、思辨过程、研究方法（论）、理论价值等方面进行深入探讨，当代的翻译研究体现出更加独立的学科性。

第三节　现状与展望

新时期以来，中国在翻译研究和译学建设方面取得了很大进展，内容更丰，范围更广。在此过程中，中国翻译研究经历了挫折，也收获了很多，逐渐成熟。这个时期中国翻译研究的成果可归为以下几个方面。

首先，学习和借鉴西方翻译成果，促进自身不断发展。从最初的缺少分析的全盘接受，到不断增强的理性辨析和批判，这个过程反映了我国翻译研究者理论意识和水平的整体提高。更为重要的是，在层出不穷的西方译论的影响下，我国翻译研究的观念和视角不断更新，研究方法日渐多元，我国的翻译研究走向国际化道路。

其次，继承和发扬传统译论中有价值的部分。中国传统译论长期存在古与今、中与西两种关系的争论。前者是传统译论和现代译论建设的关系，后者是继承我国已有成果和借鉴外来成果的关系。在过去，我们对传统译论的冷落和对西方译论的热情对比鲜明。这一方面是发展初期不可避免的，另一方面也说明我们对待传统的态度不够理性，对本国资源信心不足。现在，传统的问题得到关注并有实质性的进展，传统资源成为现代建设的立足点之一，中国翻译研究逐步从狭隘的中西和古今之争，走入中西古今相互阐发和观照的学术理性阶段。

翻译学独立学科的地位在中国已基本确立并健康发展。从累积的成果来看，翻译研究领域形成了比较健全的方法体系，构建了系统的理论话语体系；从学科意识来看，翻译研究的学科意识从20世纪80年代就开始聚集，并在90年代受到普遍关注。经过一场历时较长、激烈而集中的论辩之后，从事实和理论两方面都证明了翻译学科存在的现实性和必要性；再者，翻译研究学位点的设立、研究生的大量招收以及翻译教学系统化的发展趋势也意味着翻译研究作为一门学科的合法性与合理性。

　　总的来说，我国的翻译研究取得了成绩，但也有很多问题。首先是，研究多局限于微观的技巧讨论和标准探讨，包括经验层面的技巧总结和语言模式中的语言转换的分析，虽然近年来在翻译研究整体中的比例已有下降的趋势，但翻译研究的层面仍然微观有余、宏观不足。近年来，随着文化转向与多元化模式的开发，研究层次有所提高，领域有所拓宽，但这类研究在翻译研究整体中所占的比例仍然很小。对理论的研究或浅尝辄止或避重就轻，不够深入，这一方面与研究者的理论基础和视野有关，另一方面也与中国翻译研究中"求术轻学"的实用观念分不开。此外，对西方译论缺乏对理论本身的系统和深入的研究，对新理论不加研究地盲目应用，更不用说中西结合了。

　　其次，和西方译论的构建性相比，中国译论研究多为阐释性。西方注重理性的思维和理论的构建，而中国的学术传统有厚古薄今的倾向，所以在学术研究方法中表现为述而不作，阐释缺乏建设性。即使是对西方译论的阐释也多限于对该理论优缺点的解释、证明或反驳，对中西翻译理论结合方面的创新性研究甚少。

　　随着全球翻译研究出现文化转向，中国翻译研究也正在经历研究范式上的转型。这种研究范式为中国翻译研究提供了全新的理论视角和方法，把翻译置于更广的社会、文化等语境下加以考察，翻译作为跨文化交际行为所涉及的民族性与世界性、本土化与全球化等问题，翻译与社会历史文化、意识形态、权力及诗学等的关系将越来越受关注，翻译研究的范畴及理论命题将得到极大的扩展，翻译研究的跨学科性会日趋显著。

　　改革开放后，我国翻译实践领域不断扩大，中国翻译研究也随之进入了蓬勃发展的时期：各种翻译期刊陆续创建，翻译理论和实践的学术著作出版发行，大型国际国内翻译研讨会相继召开……但是，中国翻译研究在与国外翻译研究的学术交流中一直处于边缘地位。一方面，当今在世界上有学术话语权的是以英美文化为中心的西方国家，在翻译理论上，当代西方译论也主要以印欧语系语言和文化为研究对象。另一方面，中国文化对外交流在20世纪中期不活跃，影响了自己在国际学术界的影响和地位；加上中国传统译论模糊含蓄，缺乏恰当的现代理论话语转换，而当代译论也多借鉴和阐发当代西方译论，缺乏原创性，在研究方法和理论形态上缺乏系统性和科学性。

进入21世纪，中国的翻译研究在学科构建和研究理论上涌现出大量成果。这些研究成果有对翻译本体研究的不断深入，也有新角度和新技术的创新结合，各种"转向""回归""××翻译学"层出不穷。一方面，有的学者致力在充分考察翻译研究学科性质、构成要素和研究现状的基础之上，构建一个更加具有开放性和包容性的、全面的学科框架，具备更强的观照现实和前瞻未来的能力（朱建平，2020：29）。另一方面，也有学者仍然致力探索翻译研究的中国学派，突出翻译学中国学派的理论性和独特价值，通过整理中国翻译理论和实践的传统资源，反思中国传统译论本身存在的问题和缺陷，挖掘翻译的实用理性，构建一种既不脱离理论性又追求实践本色的话语形态（刘军平，2020：16）。因此，当代的中国翻译研究有着很强的时代使命感，既要建设翻译学的新理论体系，又要以中国学派的特殊性为世界范围的翻译研究提供原创性的翻译思想。

思考题：

1. 中国古代的翻译思想大多散见于译作的序跋、随笔中，并大多带有主观性和随感式的特点。那么应该如何看待中国传统译论的理论性和系统性？
2. 在中国当代翻译研究的发轫中，西方翻译研究成果起到了怎样的影响和作用？
3. 进入21世纪之后，中国翻译研究有什么新的发展特点和趋势？

参考文献

曹明伦，2007. 翻译之道：理论与实践[M]. 保定：河北大学出版社.

陈福康，2000. 中国译学理论史稿[M]. 上海：上海外语教育出版社.

陈寅恪，2015. 金明馆丛稿二编[M]. 北京：生活·读书·新知三联书店.

方梦之，2004. 译学辞典[M]. 上海：上海外语教育出版社.

方梦之，2019. 翻译学辞典[M]. 北京：商务印书馆.

方梦之，庄智象，2017. 中国翻译家（历代卷、民国卷、当代卷）[M]. 上海：上海外语教育出版社.

冯庆华，2002. 文体翻译论[M]. 上海：上海外语教育出版社.

傅雷，2018. 傅雷谈艺录及其他[M]. 北京：北京联合出版公司.

葛岱克，2011. 职业翻译与翻译职业[M]. 刘和平，文韫，译. 北京：外语教学与研究出版社.

郭建中，2000. 当代美国翻译理论[M]. 武汉：湖北教育出版社.

何明星，2016. 中国文化翻译出版与国际传播调研报告（1949—2014）[M]. 北京：新华出版社.

霍恩比，2002. 翻译研究——综合法[M]. 上海：上海外语教育出版社.

季羡林，1995.《中国翻译词典》序[J]. 中国翻译（6）：2-3.

江中柱，闵定庆，李小荣，等，2020. 林纾集1[M]. 福州：福建人民出版社.

江中柱，闵定庆，李小荣，等，2020. 林纾集4[M]. 福州：福建人民出版社.

姜秋霞，杨平，2004. 翻译研究理论方法的哲学范式——翻译学方法论之一[J]. 中国翻译（6）：10-14.

姜秋霞，杨平，2005. 翻译研究实证方法评析——翻译学方法论之二[J]. 中国翻译

（1）：23-27.

金圣华，2006.江声浩荡话傅雷[M].北京：当代世界出版社.

蓝红军，2019.译学方法论研究[M].北京：外语教学与研究出版社.

蓝红军，2019.译学方法论研究[M].北京：外语教学与研究出版社.

李长栓，2004.非文学翻译理论与实践[M].北京：中国对外翻译出版公司.

梁启超，1999.论小说与群治的关系[M]//梁启超全集.4.北京：北京出版社.

梁启超，1999.翻译文学与佛典[M]//梁启超全集.7.北京：北京出版社.

廖七一，等，2004.当代英国翻译理论[M].武汉：湖北教育出版社.

林煌天，等，1997.中国翻译词典[M].武汉：湖北教育出版社.

林克难，2001.翻译研究：从规范走向描写[J].中国翻译（6）：43-45.

刘军平，2020.探索翻译学中国学派的只是反省和可行路径[J].中国翻译（4）.

刘宓庆，1990.翻译风格论（上）[J].外国语（1）：1.

刘宓庆，1990.翻译风格论（下）[J].外国语（2）：54.

刘云虹，2015.翻译批评研究[M].南京：南京大学出版社.

罗新璋，1995.释"译作"[J].中国翻译（2）：7-10.

罗新璋，陈应年，2009.翻译论集（修订版）[M].北京：商务印书馆.

吕俊，侯向群，2006.翻译学——一个建构主义的视角[M].上海：上海外语教育出版社.

马祖毅，1998.中国翻译简史——"五四"以前部分[M].增订版.北京：中国对外翻译出版公司.

马祖毅，任荣真，2003.汉籍外译史[M].武汉：湖北教育出版社.

芒迪，2014.翻译学导论：理论与应用[M].3版.李德凤，等译.北京：外语教学与研究出版社.

茅盾，1954.为发展文学翻译事业和提高翻译质量而奋斗[M]//翻译论集（修订本）.罗新璋，陈应平.北京：商务印书馆.

皮姆，2007.翻译史研究方法[M].北京：外语教学与研究出版社.

任淑坤，2009.五四时期外国文学翻译研究[M].北京：人民出版社.

思果，2002.译道探微[M].北京：中国对外翻译出版公司.

宋炳辉，2007.弱势民族文学在中国[M].南京：南京大学出版社.

孙艺风，2016.文化翻译[M].北京：北京大学出版社.

谭载喜，2005.翻译学[M].武汉：湖北教育出版社.

谭载喜，2016.西方翻译简史（增订版）[M].北京：商务印书馆.

文军，2006.中国翻译批评百年回眸——1900—2004中国翻译批评论文、论著索引[M].北京：北京航空航天大学出版社.

谢天振，1999.译介学[M].上海：上海外语教育出版社.

谢天振，2008.当代国外翻译理论导读[M].天津：南开大学出版社.

谢天振，2009.中西翻译简史[M].北京：外语教学与研究出版社.

谢天振，2013a.译介学[M].增订本.南京：译林出版社.

谢天振，2013b.译介学（增订版）代自序[M]//谢天振.译入与译出.北京：商务印书馆.

谢天振，许钧，2015.外国文学译介研究[M].北京：北京大学出版社.

许嘉璐，2005.翻译是社会、文化进步的加油器[J].中国翻译（1）：5.

许钧，2001.当代法国翻译理论[M].武汉：湖北教育出版社.

许钧，2003.翻译论[M].武汉：湖北教育出版社.

许钧，2010.文学翻译的理论与实践：翻译对话录[M].南京：译林出版社.

许钧，2020.翻译概论（修订版）[M].北京：外语教学与研究出版社.

许钧，穆雷，2009.翻译学概论[M].南京：译林出版社.

许渊冲，1981.翻译的标准[J].中国翻译（1）：1-4.

殷燕，肖志清，2017.笔译工作坊教程[M].武汉：武汉大学出版社.

杨晓荣，2017.翻译批评导论[M].上海：华东师范大学出版社.

杨元刚，2012.新编汉英翻译教程[M].武汉：华中师范大学出版社.

余光中，2002.余光中谈翻译[M].北京：中国对外翻译出版公司.

余光中，2004.余光中集[M].第7卷.天津：百花文艺出版社.

余光中，2014.翻译乃大道[M].北京：外语教学与研究出版社.

张岱年，2010.中国哲学大辞典[M].上海：上海辞书出版社.

赵军峰，魏晋，2021.承前启后，开拓创新，推动翻译专业学位研究生教育创新发展——全国翻译专业学位研究生教育2020年年会综述[J].中国翻译（2）：129.

朱建平, 2020. 构建以构成要素为基底的翻译研究学科构架[J]. 中国翻译（1）: 19-30.

ASAD, 2010. The concept of cultural translation in British social anthropology [M]// MONA BAKER. Critical readings in translation studies. London and New York: Routledge.

BAKER, 1998. Routledge Encyclopedia of Translation Studies [C]. Shanghai: Shanghai Foreign Language Education Press.

DOUGLAS ROBINSON, 2007. Translation & empire: Postcolonial theories explained [M]. Beijing: Foreign Language Teaching and Research Press.

HATIM, MASON, 2001. Discourse and the translator [M]. Shanghai: Shanghai Foreign Language Education Press.

HOLMES, 1972. The name and nature of translation studies [C]// VENUTI. The translation studies reader (Second Edition) [C]. New York and London, Routledge.

HORNBY, 2001. Translation studies—An integrated approach [M]. Shanghai: Shanghai Foreign Language Education Press.

JENAY WILLIAMS & ANDREW CHESTERMAN, 2004. The map—a beginner's guide to doing research in translation studies [M]. Shanghai: Shanghai Foreign Language Education Press.

MUNDY, 2001. Introducing translation studies—Theories and applications [M]. London and New York: Routledge.

NIDA, 1993. Language, culture and translating [M]. Shanghai: Shanghai Foreign Language Education Press.

PÖCHHACKER, 2016. Introducing interpreting studies [M]. 2nd ed. Amsterdam/ Philadelphia: John Benjamins.

SHUTTLEWORTH, COWIE, 1999. Dictionary of translation studies [M]. Shanghai: Shanghai Foreign Language Education Press.

SNELL-HORNBY, 2001. Translation studies: An integrated approach [M]. Shanghai: Shanghai Foreign Language Education Press.